最速で出会いが増える顔になる

恋愛コンサルタント
高橋あい

Sanctuary books

美容情報は
くまなく
チェック

サラサラの
黒髪ロング

ネコ目
アイメイクで
目ヂカラUP

ピンクチークで
おフェロ顔

気くばり
上手

今までの「モテの常識」は、
いったん忘れてください

モテを意識
すると
ダサくなる問題

いつでも
笑顔

ピンク、ファー、
花柄アイテムは
お手のもの

でも結局、
顔とスタイル
じゃない？

揺れる
ピアスでしょ？

「最速で出会いが増える顔」って?

=

心の距離が縮まりそうな、話しかけやすい見た目のこと

◎雰囲気は?
○隙がある
○幸せそう
○健康そう
○一緒にいてリラックスできそう
○話を否定せず聞いてくれそう
◎ヘアメイクは?
○素肌と歯がきれい
○ナチュラルメイク
○アイメイクが怖くない
○髪にも隙がある
○ヘアカラーは8レベル
◎ファッションは?
○トレンドを追わない
○柄より無地、黒より白
○ウエストがわかる服
○TPOに合っている
○華奢でシンプルなアクセサリー
◎しぐさは?
○サラダをとりわけない
○笑わなくてもいい
○足音を鳴らさない

最大公約数の「愛され仕様」、最終結論♡

まず、「顔」を変えてください。

驚かせてしまったらごめんなさい。恋愛コンサルタントの高橋あいです。

運命の人に最速で出会って、素敵な恋愛がしたいなら。

やっぱり、ビジュアルが10割。見た目を変えるのがいちばんの近道です。


どんなに思いやりがあっても、料理が上手でも、第一印象は目に見えるもので判断されます。

これは、生まれ持った顔の話ではありません。

メイク、ヘア、ファッションなどをまず「愛され仕様」に変えれば、誰でも出会いを増やすことは可能なのです。


具体的には、「心の距離が縮まりそうな、話しかけやすい見た目」のこと。

男性が話しかけたくなるのは、「隙」＝「親近感」のある女性です。

反対に、「隙のない人」「親近感のない人」とはどんな人でしょうか？

美人で、メイクもヘアも完璧で、トレンドを押さえたブランド服をまとって、ヒールをカツカツ鳴らして無表情で歩いている……。

そんな女性は、同性から見たらかっこいいかもしれませんが、ほとんどの男性は、気軽に話しかけられませんし、心の距離を感じるでしょう。


「話しかけて、拒絶されないだろうか？」

「自分の話を笑って聞いてくれるだろうか？」

私たちが思っている以上に、男性は照れ屋で、失敗を怖がっています。

だから、女性のほうから「私に話しかけても大丈夫♡」というメッセージを、見た目で思いっきり伝えるのです。


なかには派手な外見が好き、個性的なファッションが好き、という男性もいます。

ただマジョリティではありません。この本では、「最大公約数のモテ」、いちばん多くの男性が求める見た目の法則をお伝えします。


少し私の話をさせてください。

私は、化粧品会社に勤めたあと、21歳で結婚・出産、24歳で離婚しました。

その後は、「バツイチの私なんかが幸せになれるわけない」と超絶ネガティブになり、自信がないゆえに恋愛依存体質になりました。

正直なところメイクや見た目はきれいにしていたし、気づかいだってできるほう。それなのにいつも不安で、満たされない恋愛ばかりなのはなんでだろう、とずっと悩んでいました。

そんな泣いてばかりの毎日に終わりを告げるべく、一念発起して幸せになるための美容法、恋愛テクニックをとことん学び、独自のメソッドを確立しました。

10年間のシングルマザー生活を経て再婚し、36歳で第2子が誕生。今は、パートナーに愛されながら最高にハッピーな結婚生活を送っています。

そんな私の経験が誰かの背中を押すことができればと、2015年に恋愛コンサルタントとして活動をはじめました。

婚活メイク講座や恋愛講座は、毎回開催の告知とともにキャンセル待ちになるほどで、ありがたいことに受講者の97%が「満足」、87%が「出会いが増えた」「恋人ができた」と答えてくれています。

私の生徒さんたちには、ちょっとしたコツを知っただけで、人生が劇的に変わった人がたくさんいます。

・「理想の男性なんて絶対いない」が口グセだったのに、理想の男性から結婚前提のお付き合いを申し込まれた（36歳・女性）
・いつも結婚に至らず泣いてきたのに、付き合って3カ月で「最後の瞬間まで一緒にいてほしい」と言われて、入籍（34歳・女性）
・付き合って3年目で、「来世まで結婚はない」と公言していた彼からプロポーズ（37歳・女性）

……「まるで住む世界が変わった」との幸せ報告が続々届いています。

まず「顔」が変わると、男性からの扱いが変わります。そうして自信がつくと、話し方が変わり、習慣が変わり、気持ちが変わり、すべてが好転していくといっても過言ではないのです。

この本が、あなたにとって最後のシンデレラレッスンになればうれしいです。

CONTENTS

CHAPTER 1 Make-up

「話しかけたくなる顔」は、誰でもつくれる

15
目の次に見られる唇で、恋が決まる……63
ok ワセリン+口紅1往復で、凛とした唇を
ng ピンクのジューシーグロスをたっぷり

16
選ばれる女は、唇をリセットしている……67
ok 口紅は、唇にファンデーションをのせてから
ng 口紅をそのまま塗る

17
口もとのケアにお金を惜しまない……69
ok オーラルケアが最優先
ng 新作コスメが最優先

18
眉だけは、全力でトレンドを追いかける……71
ok 毛流れをいかしたアーチ形の太眉
ng 手入れなしの自眉

19
眉は「減点法」で見られている……75
ok 印象に残らない眉
ng 印象に残る眉

20
品のある女は、毛流れに逆らう……78
ok 毛流れに逆らって眉マスカラを塗る
ng ブラシでそっと撫でるだけ

21
肌は、全部脱ぐ……80
ok メイクは落とすもの
ng メイクは盛るもの

22
ネイルは地味なほど、恋に効く……82
ok オイルでツヤツヤ地爪
ng ストーンでキラキラネイル

23
鏡を見るたび、出会いは増える……84
ok スマホに鏡をしのばせる
ng 化粧室で身だしなみをチェック

24
男は、女の「汚れた顔」を見逃さない……86
ok 目を閉じて自撮りでチェック
ng 目を開けたまま鏡でチェック

25
恋を引き寄せる人は、窓際にいる……88
ok 自然光で、顔より大きな鏡でメイク
ng 洗面所で、コンパクトミラーでメイク

26
寄りの美人より、引きの美人……90
ok メイクの仕上げは全身鏡
ng 手鏡だけで済ませる

27
香水の記憶はいらない……92
ok お気に入りのヘアクリームをつける
ng お気に入りの香水をつける

CHAPTER 2

Hair

髪に仕込むのは、ギャップと隙

28
モテ髪は、オーダーからはじまる……96
ok 「モテる髪型にしてください」と伝える
ng 「似合う髪型にしてください」と伝える

29
ヘアサロンで、照れない勇気……99
ok 石原さとみの画像を見せる
ng 「石原さとみにしてください」と言う

今すぐ出会いが増える髪色がある …… 101
ok ヘアカラーは8レベル
ng 似合う色ならなんでもOK

ヘアサロンの有名度より、通う頻度を上げる …… 103
ok 月に1回はサロンに行く
ng 有名サロンに2～3カ月に一度通う

自らヘアスタイルを乱す …… 105
ok たまに耳にかけたり、わけ目を変えたりする
ng ヘアスタイルは一日中キープ

男が求めるのは、触りたくなる「隙」 …… 108
ok 隙だらけの女になる
ng 完璧な女になる

モテ前髪の法則は、「黄金トライアングル」 …… 110
ok 長め&重めで、三角形におでこを見せる
ng ワンレンやパッツン前髪

2回目のデートで恋に落ちる、運命のひとつ結び …… 114
ok 王道のポニーテール
ng 後れ毛たっぷりの編み込みアレンジ

愛される女の髪は、夜につくられる …… 118
ok 夜シャン＋ドライヤーを賢く使う
ng 朝シャン＋スタイリングに時間をかける

CHAPTER 3

Fashion

服でまとうのは、女らしさ

10 帽子でおしゃれの底上げをしない …… 136
ok カチューシャをつける
ng ベレー帽をかぶる

11 ピンクは、1回着たら3回休み …… 138
ok ピンク、ブルー、モノトーン、いろいろな色を着る
ng 女性らしいピンクを毎回着る

12 脚に自信がなくても、スキニーを選ぶ …… 140
ok パンツの定番はスキニーに
ng ガウチョでこなれ感を出す

37 男が声をかけたくなるのは、「つまらない」ファッション …… 122
ok ユニクロの白カットソー
ng 海外ブランドの花柄シャツ

38 まずは自分の「骨格」を知る …… 126
ok 骨格に合うコーデを選ぶ
ng 雑誌のモテコーデをそのまま真似する

39 魅力を引き出す色と、半減させる色がある …… 132
ok 似合う色を着る
ng 好きな色を着る

13
一年をとおして、くびれをメイク 142
ok いつでも、どんな服でもウエストマーク
ng ゆったりシルエットで体型カバー

14
露出するのは、胸じゃなくて腕 146
ok 腕か脚、どちらか一方だけを出す
ng 胸か肩を出す

15
ノーブランドの腕時計が、恋のハードルを下げる 149
ok ノーブランドの腕時計をつける
ng 高級ブランドの腕時計をつける

16
靴は、「女らしさ」以上に「TPO」が大事 151
ok ヒール、フラット、スニーカーを使いわける
ng いつもエレガントなヒールを履く

CHAPTER 4
Communication

「また会いたい」と思われる人の話し方

17
ときに、笑顔を手放す 156
ok 笑わなくてもいい
ng いつでも笑顔をキープ

18
女の品格は、足音にあらわれる 158
ok 足音は鳴らさない
ng ヒールをカツカツ鳴らす

49 男の目が変わる、究極のモテポーズ 160
ng 両手はずっと膝の上
ok 両手はアゴあたりで「いただきます」ポーズ

50 相手の真似をすると、距離が縮まる 164
ng 自分のテンポで会話する
ok まずは声のトーンを相手に合わせる

51 お礼待ちの「おかん系気くばり」は封印 166
ng サラダをとりわける
ok 自分のグラスについた水滴をぬぐう

52 「無理しなくていいよ」は禁句 168
ng 「無理しなくていいよ」と彼を気づかう
ok 「待ってるね」とかわいく催促する

53 夜の魔物に負けない 170
ng なんとしてでも、その日中に返信
ok メッセージは、翌朝の通勤電車で返信

54 「〇〇しない」だけで、愛され体質に 173
ng アドバイスのつもりでダメ出し
ok 「否定」だけはしない

CHAPTER 5

Mind

美人で悩みゼロになれる心のルール

CHAPTER

1

Make-Up

「話しかけたくなる顔」は、誰でもつくれる

Make-Up

01

メイクで変身しない

ok 自分の顔をいかしたメイクをする

ng トレンドをとり入れて、新しい顔をつくるメイクの手ほどきの本なのに、「メイクで変身しない」なんて、ちょっとおかしいと思いますか？

はっきり言いましょう。メイクで露骨な「大変身」をすればするほど、「恋する顔」からは遠ざかってしまいます。鏡のなかの自分と向き合うと、「もっと、もっと」と盛りたくなる気持ち、私も痛いほどわかります。でも、男性が話しかけやすい顔をつくるには、**物足りないくらいでストップすること**が大切なのです。

男性が女性のメイクを**「濃い」か「自然体」かジャッジするのは、色味と肌質。**いかにもなアイシャドウや濃いリップ、素肌がわからないほど塗りたくった陶器のような肌は、男性を威圧しています。

私が学生の頃、クラスの男子はみんな広末涼子さんが好きでした。当時モーニング娘。だった安倍なつみさんも大人気。どちらも**素肌感のあるナチュラルな雰囲気が魅力**です。最近でいえば、新垣結衣さんや松岡茉優さんがこのカテゴリーにあてはまるのではないでしょうか？

極端な例ですが、叶姉妹を思い浮かべてみてください。うっとりするくらい美しくて私は大好きですが、男性の立場になってみたらどうでしょうか。あんなにゴージャスで、メイクもヘアも完璧な美女だと、よほど自信のある男性でない限り「話しかけやすそう」とは思わないですよね。**素顔が見えて自然体な、隙のある女性**のほうが、男性はその先の恋愛を思い描きやすいものです。

リアルな「男性ウケ」を知るのにおすすめの方法は、**男性誌をチェックすること**。同じ石原さとみさんでも、女性向けのファッション誌やコスメ誌に載っているときにくらべて、びっくりするほどナチュラルなメイクやヘアをしているはずです。

メイクは「新しい顔」ではなく、「**あれ? いつもの私よりちょっといい感じ**」くらいを目指すこと。重要なのは、やはり**「素材」の美しさ**です。

高価なファンデーションを厚塗りするなら、毛穴の黒ずみの手入れをする。血行をよくするマッサージをする。唇の保湿をする。もともとの素材をブラッシュアップするケアにシフトしましょう。

すっぴんがきれいになっていくと、**自分が本来持っている魅力に気づける**というメリットも。

ありのままの自分に、もっともっと自信が持てるようになります。

素肌を感じるリラックス感が、恋のフック

- 男性が女性のメイクを濃いと判断するのは、「色味」と「肌質」。
- 素材の美しさをいかして「いつもよりいい感じ」くらいがベスト。
- 女性誌より男性誌のヘアメイクを参考に。

Make-Up

02

「ナチュラルさ」に、計算高くあれ

ok メイクIQを上げる

ng ヌーディメイクという名の手抜き

男性は素肌感のあるナチュラルな女性が好き、とお伝えしました。「じゃあ、メイクはもうしなくていいのね!?」なんて思った方、それは大きな間違いです（笑）。

男性が思わず話しかけたくなる、**さりげないかわいさを演出するには、決してさりげなくない努力**が必要。

日焼け止めだけ塗って終わりとか、眉毛だけ適当に描くとか、手抜きと紙一重のヌーディメイクでは、いつまで経っても出会いは増えません。

大事なのは、**「ナチュラルに見せるメイク」のスキルを上げる**こと。盛りメイクで変身するのでも、すっぴんのまま真っ向勝負するのでもなく、いかに自然にかわいく見せるか、に全力を注ぐのです！

たとえばベースメイク。なにもしなくてもきれいな肌であれば、もちろんそのままでもいいですが、大人になるとそうもいきません。くすみやクマ、毛穴など、なにかと気になる部分が出てきます。

だからといって、ファンデーションやコンシーラーを顔全体に塗りたくってはダメ。私がいつも実践しているのは、**「美肌ゾーン」のみを集中的にきれいにする**という、多くの美容のプロが紹介しているテクニックです。

美肌ゾーンとは、目頭の下からこめかみ、こめかみから小鼻の脇あたりを結んでできる、三角形のゾーン。ちょうど頬骨がある部分です。ベースメイクはここだけか、あとはTゾーンなど気になる部分にプラスするのみでOK。

美肌ゾーンは、顔のなかでも目につきやすい部分。ここがきれいになると、頬はふっくらツヤツヤ、瞳もくっきりと見え、**肌全体が美しく見える**のです。

ほかの部分はパフに残ったファンデーションを軽くポンポンとつける程度にすると、素肌感をキープしたまま美肌に見せることができます。

アイメイクも、いかにさりげなく目もとを引き立てるかがポイント。アイライナーは黒より茶色。ラインを引いているのが見えないように、まつ毛の隙間を埋める感覚でトントンとのせていきます。

アイシャドウも肌色に近いベージュやブラウンを選び、陰影をつけるだけにとどめましょう。くわしいメイク方法は、あとのページでご紹介していきます。

出会いが増えるメイクは、**足し算ではなく引き算**。自分の顔がいちばんナチュラルで魅力的に見えるメイク方法を、ぜひ研究してみてください。

美肌ゾーンに、透明感をしたためる

頬骨まわりの美肌ゾーンだけ丁寧に。「ナチュラルさ」を左右するベースメイクに全力を注ぐ。

- 第一印象で「ナチュラルなのに肌がきれいな人」を目指す。
- 美肌ゾーン以外は、パフに残ったファンデーションを軽くポンポンとつけるだけでいい。

Make-Up

03

いい女は、「先端」に時間をかける

ok まつ毛、眉尻、髪の毛先に気を使う

ng 全身をくまなく磨く

出会いを増やすために「見た目」をチェンジするなら、まずなにからはじめますか？ 新しい服を買いそろえる？ エステに行く？ ポーチの中身を総入れ替え？

正解は**「先端」をきれいにすること。**まつ毛、眉尻、髪の毛先、指先などのケアを徹底するだけで、**出会いの場での第一印象がガラッと変わります！**

男性は、視線を合わせた女性のまつ毛がマスカラのダマだらけだったら、どう思うでしょうか。ものを手渡してくれた女性の指先がカサカサだったら、「ドキッ」どころか正直「ガッカリ」。控えめだけど細やかな気くばりが行き届いている女性を、男性は**「女性らしくて素敵だな」**と感じるのです。

ナチュラルメイクでも、まつ毛はしっかりカールして丁寧にマスカラを塗りましょう。眉メイクは眉尻まで手を抜かないこと。

髪は毛先のパサつきをとにかく撃退！ 夜、お風呂から上がったら毛先にヘアクリームをつけて乾かし、翌朝もクリームをつけてアイロンでワンカールだけ巻けば、ツヤツヤな毛先に。爪の甘皮やささくれはオフして、ひじやかかとは保湿。

高価な服の代わりに、靴だけは上質なものを選んで。薄汚れていないか、ヒールが削れていないか、日頃からチェックしてきちんとお手入れしましょう。

Make-Up

04

お金をかけずにツヤ肌はつくれる

ok たっぷり眠ってヘルシー肌に

ng 高級ファンデーションで陶器肌に

肌がきれいだと、女性は一段とかわいく見えるもの。とくに、ツヤツヤとした生命感、サラサラとした清潔感のある肌の女性は、男性からの好感度がとても高いです。すっぴん風のモテメイクも、きれいな肌の上でこそ映えるテクニック。

肌のくすみやゴワつきが気になったら、高級ファンデーションでカバーするより、まずは**とにかく眠ってください**。

月並みだと思うかもしれませんが、**規則正しい睡眠に勝る美容はない**と言っていい。私も前に夜型の仕事をしていたときは、肌が常にゴワゴワ、パサパサでした。今は子どもが小さいので、23時に寝て7時に起きていますが、20代の頃より肌の調子がいいです。

不健康な生活は、体だけでなく**心の調子もどんより**させてしまいます。友達や生徒さんを見ても、恋愛がうまくいっていない女性は圧倒的に「夜型」。

出会いを引き寄せるヘルシーでポジティブな女性になるには、**早寝早起き、バランスのいい食事**。髪の生え際や耳のツボをプッシュして、血のめぐりをよくするのもおすすめです。さらに、ベースメイク前には顔の産毛をしっかり剃ること。これだけでもメイクのりがだいぶ変わります。

Make-Up
05

ファンデーションで隠さず、下地で整える

ok スキンケア＆下地が主役

ng ファンデーションが主役

肌の色ムラをファンデーションでカバーしようとすると、厚塗りになったり、首との色の差が目立ったりしませんか？

色ムラは肌色補正効果のある化粧下地で整えると、塗った感を出さずに肌のトーンを均一にすることができます。

下地は、目のまわり、前にお伝えした「美肌ゾーン」、口のまわりなど、くすみが目立つ部分に塗っていきます。そして、ファンデーションを美肌ゾーンと、Tゾーンや鼻筋など気になる部分に塗ればOK。カバー力のあるBBクリームを下地＋ファンデーションの代わりに使っても、時短になって便利です。

もっといえば、**下地の前のスキンケア**も大事。とくに化粧水は、うるおいのあるツヤ肌をつくるのに欠かせません。「多すぎるかな？」と思う表示の**2〜3倍くらいの量を使うのがポイント**。

「肌に直接つけるものだからお金をかけるべき」と言う人もいますが、高価な化粧水を買って使う量をケチるくらいなら、気にせずたっぷり使える値段のものを買ったほうがいいと思います。

化粧水、美容液、乳液のあとは、**5分以上おいてから下地をつける**ようにしましょう。

Make-Up

06

ツヤとテカリの違いが、命運をわける

ok 素肌感のあるツヤ肌

ng 皮脂多めのテカリ肌

女の顔にいちばん必要なのは、**ツヤ**。

ツヤがある肌は、みずみずしく素肌っぽさがあり、いきいきとした印象を感じさせます。

男性が本命彼女に求める、**「健康的」な顔をつくるのに欠かせないポイント**といえるでしょう。

一方で、ツヤと似て非なるものがテカリ。肌の水分と皮脂のバランスが崩れ、皮脂が多くなっている状態がテカリです。

頬の光はツヤ。小鼻やほうれい線、Tゾーンの光はテカリであることが多いです。

テカリで輝いている肌なんて、ちょっと清潔感がないですよね。

テカリを防ぐには、まずは**朝のスキンケアを見直す**こと。

化粧水や美容液、下地の塗り方にムラがあると、テカリになりやすいです。手のひらや指をうまく使って、顔全体に均一に塗ることを心がけてみてください。

小鼻やほうれい線、Tゾーンなど皮脂が多いところには、油分を含むクリームやオイルなどを与えすぎないことが大切。

下地も、皮脂をコントロールしてくれるものやオイルフリーのものを選ぶようにします。

反対にツヤを出すには、丁寧にスキンケアをしていつものベースメイクをしたあと、仕上げにうるっとした**クリームハイライトを重ねる**のがポイントです。保湿した直後のような、うるおいのあるツヤ肌に！

最近はプチプライスのものもたくさん出ているので、ぜひ試してみてください。色が明るすぎるものや、ラメ入りのものは、自然に仕上げるのが難しいので避けたほうが無難です。

今はツヤ肌ブームなので、ツヤを出すためのファンデーションやフェイスパウダーがあふれています。積極的に試して、自分に合ったツヤ出し方法を研究してみるのも楽しいですよ。

ツヤは、即座に女の顔を立体的に、いきいきと見せてくれるもの。

私の生徒さんを見ていても、ツヤ肌をつくるスキンケアやベースメイクにシフトした人は、ほかのコスメやヘアスタイルを変えていなくても急激に美しく見えて驚くことがあります。

ツヤ肌の法則を守り、出会いを引き寄せちゃいましょう！

最強のツヤで、吸引力のある顔に

ツヤを出すためのクリームハイライトは、鼻筋、眉頭の上、アイホール全体、目尻、目の下、上唇の中心、アゴにのせる。

- 化粧水、美容液、乳液をつけて5分以上おいてから下地をつけるとムラやテカりになりにくい。
- 丁寧にベースメイクをしてからクリームハイライトをのせると、保湿直後のような印象の肌をキープできる。

Make-Up

07

自然なほてり感は、赤のチークで仕込む

ok 赤のチークを三日月形に

ng ピンクのチークを厚塗り

血色のいい女性は、ヘルシーでかわいらしく、幸せそうに見えます。では、血色のよさはどこで演出すればいいのでしょうか？

答えは、チーク。**むしろ、チークしかありません。**メイクのなかでは比較的ないがしろにされがちですが、出会いを引き寄せる顔になるためには、実は手を抜いてはいけないパーツなのです。

目指すは、**肌の内側からにじみ出てくるような、自然なほてり感。**これぞ「**恋する乙女顔**」です。ただし、一歩間違えば「酔っ払い」になりかねないのが、チークのおそろしいところ。

肌なじみがいいと思ってピンクを選ぶ方が多いと思いますが、ピンクは色がのりにくいので、何度も重ねて厚塗りになってしまうという失敗が多いです。そうなると、色が浮いて不自然に見え、「酔っ払い」に王手がかかってしまうことに……！

私がおすすめする**チークの色は、赤。**

手の中指の第一関節あたりを、もう片方の手でギューッと圧迫してみてください。指先が赤くなっていきますよね。これが自分の血色。**この色に近いチークを選ぶと失敗がありません。**

マットな質感のものよりは、透明感やパール感があるもののほうが自然に仕上がります。私が愛用している「マキアージュ」のチークカラー（クリア）RD444は、透明感のあるオレンジがかった赤で、ナチュラルな血色を表現できるのでおすすめです。

赤のチークは、塗り方にもちょっとしたコツがあります。頬の真ん中に丸く入れたり、濃く入れたりすると、今度は「オカメインコ」や「おてもやん」になってしまうので要注意！

自然なほてり感のある「恋する乙女顔」になるには、**頬の高い位置に、ちょうど三日月形になるようにななめに**チークを入れます。面積は狭く、色は薄めにつけるのがポイント。

鏡の前で正面を向いてチークを入れたら、横顔の仕上がりをチェックすることも忘れずに。どこから見られても自然な仕上がりになっていれば完成です。

もちろん、日頃から**血行をよくする習慣を身につけることも大切**。お風呂はシャワーで済ませず湯船に浸かる、ストレッチやマッサージをする、ウォーキングやランニングを日課にするなど、肌本来の血色をアップする工夫もしてみてください。

顔の鮮度と温度は、チークで上がる

ブラシはやさしく握って横にねかせて。付属品ではなく大きなものを購入すると、粉のふくみがよく、ムラにならずにつけられる。

淡い色のチークを選ぶと、重ね塗りしてしまいがち。ブラシを握って立てて使うのも厚塗りの原因に。

チークの選び方って？

出会いを有利にしたいなら、ピンクより赤を選んで。手の中指の第一関節あたりを、もう片方の手で圧迫して赤くなったときの色が自分の血色。その色のチークを選ぶと失敗しにくい。透け感があるのにしっかり発色する「マキアージュ」チークカラー（クリア）RD444がおすすめ。

Make-Up

08

目尻の「キャットライン」が、男をひるませる

ok 目尻のハネは、どんなに長くても3ミリまで

ng ハネはしっかり5ミリ以上でネコ目に

アイラインは、引くだけで理想の目もとを演出することができる優れもの。なかでも、ネコの目のように目尻を跳ね上げる「**キャットライン**」は、人気モデルさんの影響で真似をしている女性も多いですよね。長めにつり上げて描くことで、セクシーで印象的な目を表現できます。

ただ、**男性陣にはとにかく不評**。

私は仕事柄、婚活中の男性たちに話を聞く機会がたくさんありますが、「不自然」「ちょっとギャルっぽい」「近くで見ると、その迫力が怖い……」なんて声もありました（笑）。

メイク雑誌などには、「目尻から5ミリ、はみ出しましょう」とよく書いてあります。確かに、実際の目尻からはみ出して引くことで目が大きく際立って見えますが、そのテクニック、今は忘れてください。

恋を引き寄せる顔に仕上げるには、**どんなに長くても3ミリ**まで。「たった2ミリの違い？」と思うかもしれませんが、この差を侮るなかれ！「不自然に見える」と、「なんだかかわいく見える」の境界線が、この2ミリの間に確実に存在するのです。

アイラインを長めに引いて、ネコ目やタレ目をつくっていた方は、ちょっとだけ引き算してみてください。そうするだけで**無条件に奥ゆかしく、好感度の高い目もと**をつくることができます。

きれいにラインを入れる方法は、**目を開けながら描くこと**。目を閉じるより、開けたまま描くほうが左右対称になり、隙間もできません。

目尻のラインを引くときは、スッと力を抜いて。丁寧に引こうとして力むと、思ったより太く長くなってしまいます。

次の項でくわしくご紹介しますが、まつ毛の隙間をトントンと点を打つように埋めると、よりナチュラルでくっきりとした目もとになります。

さらに黒のリキッドタイプより、**ブラウンのリキッドやペンシルタイプ**を使うとやさしい印象に仕上がります。

下まぶたまでアイラインでぐるっと囲むのは、今すぐやめましょう。無理して若づくりしているように見えますし、ちょっと古くさいです。その代わり、下まつ毛にもマスカラをきちんと塗ること。

アイライン以上にぱっちりとした目をつくれます。

上品さと目ヂカラは、両立できる

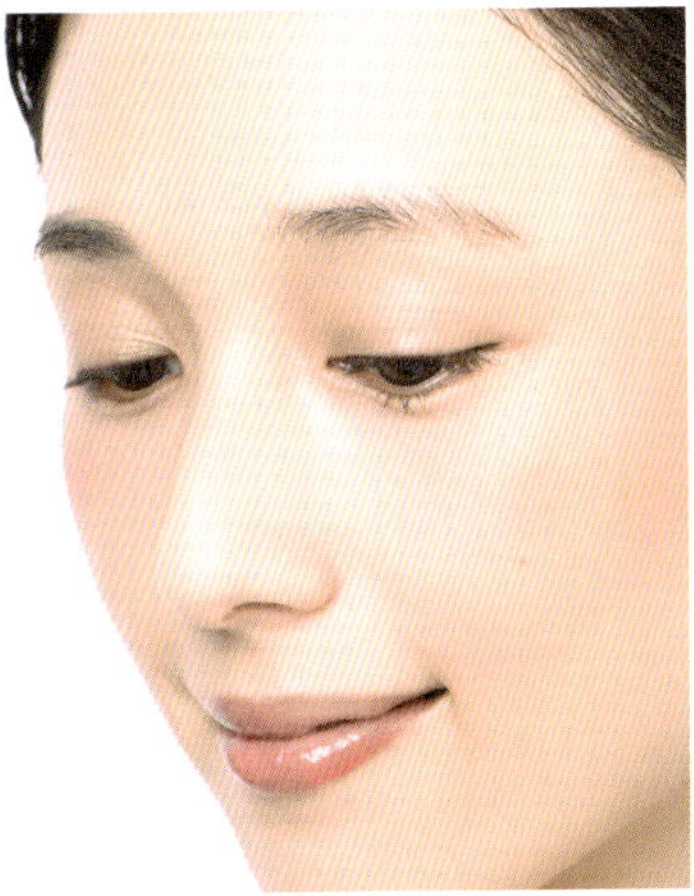

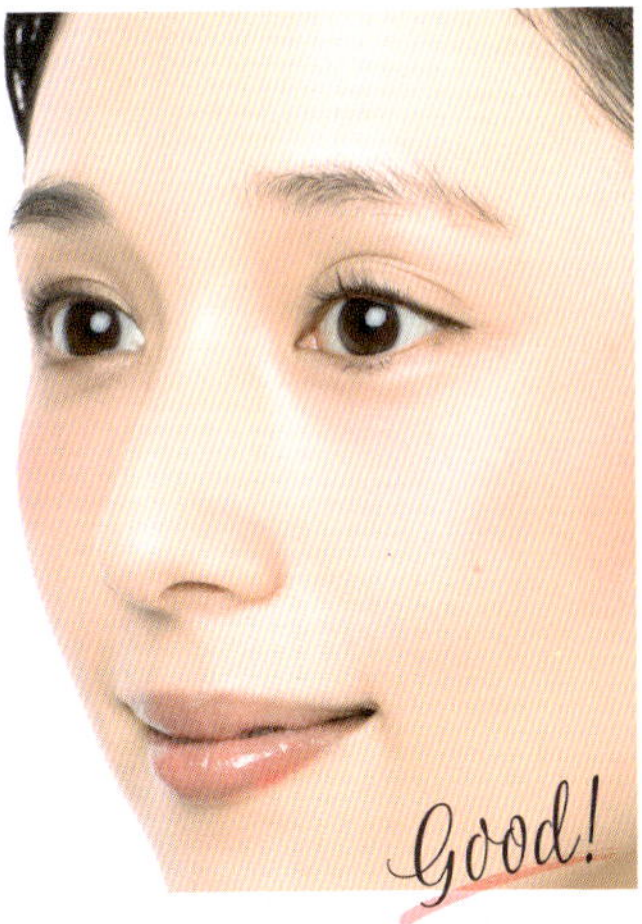

アイラインはどんなに長くても目尻から3ミリまで。目を開いたときに、描いているかどうかわからないくらいの控えめな目もとが好印象。

いかにもな目尻のハネ。威圧的に感じるという男性が多数。女性のメイクにうとい人でも、必ず目がいくところ。

メイク雑誌でよく見るテクニック「目尻から5ミリはみ出す」は、いったん忘れて。

- ネコ目やタレ目は女子会だけに。
- 黒のアイライナーで目を囲んで大きく……出会いの場では絶対NG。
- 目を開けたまま描くのが、失敗しないコツ。

Make-Up
09

まつ毛の隙間は、埋めるほど自信がつく

ok アイラインは、つついて仕込む

ng 太いラインをしっかり引く

目を大きく見せようとすればするほど、アイラインは太くなりがち。でも、アイラインが太くなればなるほど、男性は引いているのに気づいていますか？

とくに、伏し目がちになったときや目を閉じたときに、アイラインを引いているのがバッチリ見えてしまうと悲惨。自分で鏡を見るときは目を開けた状態なので、あまり違和感を感じませんが、閉じたときのラインの不自然さはけっこうびっくりします（笑）。

引いているのがわからないくらい自然なのに、目の印象はくっきり。そんな仕上がりを目指すには、**まつ毛とまつ毛の隙間の地肌が見えている部分**をアイライナーで埋めましょう。

ラインを引くのではなく、隙間をつつくようにしてアイラインを仕込んでいくのがポイント。存在感のある黒目がちな目になります。使うアイライナーは、隙間にしっかり色がのるペンシルタイプがおすすめ。

さらに目もとを際立たせるなら、まつ毛の生え際ギリギリに極細ラインを引いて。こちらは、**細筆タイプのリキッド**が使いやすいです。

引き終わったら、伏し目がちの状態で、ラインが悪目立ちしていないかチェックしましょう。
アイライナーの色は、黒ではなくブラウンがイチオシ。**男性が安心して話しかけたくなる、自然でやさしいぱっちり目**を演出できます。

「ベルサイユのばら」のリキッドアイライナーやジェルペンシルアイライナー、「D−UP」のシルキーリキッドアイライナーは、色味も描きやすさも◎！ ウォータープルーフなので化粧崩れもしにくいです。

私は、自分に合う化粧品を見つけるために、いろいろなメーカーの商品をとことん試します。

アイライナーを買うにしても、ドラッグストアで試し描きをして、気になったものを3種類くらい買ってみることも。使い心地やもち具合、自分の肌に合うかどうかは、実際に使ってみなければわかりません。

「せっかく買うなら失敗したくない」という気持ちは捨てて、プチプラでもいいのでたくさん数を試して、**自分の顔にいちばんしっくりくる運命のアイテム**を選んでください。

このフットワークの軽さ、恋人選びでもとっても大事ですよ♡

定番ブラックより、目をやさしく見せるブラウン

鏡に対してアゴを上げて、まつ毛の隙間にアイラインをつつくように丁寧に入れる。まつ毛が密集しているように見えるほか、白目もきれいに見せてくれる。「目を大きく見せるなら黒」という人も多いですが、恋する目もとをつくりたいなら断然ブラウン。

アイラインの選び方って？

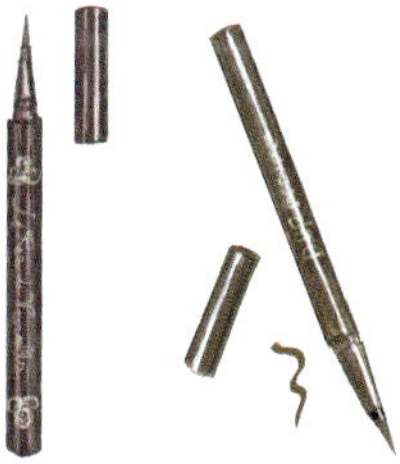

ブラウン系の極細タイプで、水・汗・涙に強いウォータープルーフのものを選ぶのがコツ。「ベルサイユのばら」「D-UP」のアイライナーは、なめらかなコシがあり、アイラインに苦手意識のある人でも安心の描きやすさ。

Make-Up

10

アイシャドウに個性はいらない

ok ベージュとブラウンの2色だけ

ng カラー＆ラメでおしゃれな目もとに

コスメのなかでもカラーバリエーション豊富なアイシャドウは、ついつい集めたくなってしまうアイテム。ラメやパール入り、グラデーションカラー、クリームタイプなど種類もたくさんあり、その日の気分やファッションに合わせて使いわけるのも楽しいですよね。

でも残念ながら、それらの個性豊かなアイシャドウは、男性にとってはまったく魅力的ではないみたい。「目もとに個性、いらなくない?」「舞台役者なの?」と、私たち女性のおしゃれ心を踏みにじる声の多いこと(涙)。

車好きの男性が改造車に夢中になるのと似ています。改造車で自慢げに迎えに来られても、車にとくに興味がなければ「普通でよくない?」って思いますよね。メイクもヘアもファッションも、過度な個性は相手を敬遠させてしまうのです。

アイシャドウは、おしゃれではなく、**目もとのホリを深く見せるためのツール**と考えてください。そのためには、**肌なじみのいいベージュと、陰影をつけるためのブラウンの2色**で十分。

ラメも必要ありません。キラキラのアイシャドウは落ちやすいですし、まぶた全体にのせると膨張して目が小さく見えてしまいます。

最初に**ブラウンを上まぶたのキワにのせ**、その上に**ベージュをなじませながらアイホール全体に伸ばしていく**と、境界線が目立たず自然なグラデーションになります。ブラウンはチップやブラシでもいいですが、ベージュは指でのせていくとふんわり仕上がりますよ。

私がずっと愛用しているアイシャドウは、「ルナソル」の「スキンモデリングアイズ」。プロのヘアメイクさんでも「やっぱりルナソル」という声は多いです。

メイク上手への近道は、**正しいやり方を知ることと、慣れ**です。うまくできず悩んでいる方は、メイク上手な友達にメイクするところを見せてもらいましょう。

私は家事のなかで掃除が苦手。たまに代行業者さんに来てもらうのですが、業者さんが掃除している間は横にくっついてずっと見ています（笑）。疑問に感じたらすぐ質問しますし、大事なところはメモ！ それを自分でも実践してみることで、苦手意識はだんだんなくなっていきました。

メイクでナチュラルにかわいく見せるには、それなりのスキルが必要。でも、コツさえつかめば誰にでもできるものばかりです。まずはやり方を知って、何度も試してみて、自分がいちばん魅力的に見える方法を楽しみながら探っていきましょう。

女っぽさが漂うまぶたは、グラデーションが鍵

1

アイシャドウパレットのなかでいちばん濃いブラウンを二重幅にチップで入れる。

2

アイホール全体に、ベージュ（または薄いブラウン）を指で入れてなじませる。力を入れすぎず、ふんわりとぼかす。

Good!

3

グラデーションがきれいにできると、自然なホリのある目もとに。薄い色から重ねる人が多いですが、境目がくっきりわかってしまうので、濃い色から入れるのがポイント。

アイシャドウの選び方って？

どんな瞳、肌色、印象にも合う、ブラウン系のパレットを。たくさん色が入っているとお得な感じがしますが、ブラウンの濃淡が2色入っているものであればOK。薄づきなのに存在感のある目もとが叶う「ルナソル」の「スキンモデリングアイズ01」は、美容のプロに支持者も多い逸品。

Make-Up

11

ひじを上げれば、まつ毛も驚くほど上がる

ok ふんわりカールの上向きまつ毛

ng アンニュイな下向きまつ毛

最近では、まつ毛をあえて下向きのままにして、憂いの表情をつくるのも人気。でも、恋愛コンサルタントの目線から断言させてください。

恋をはじめたいなら、まつ毛は上向きに！　目の印象の大切さは、前にお伝えしたとおりです。

では、上向きまつ毛はどうやってつくればいいのでしょうか。

最大の秘訣は、**アイラッシュカーラーの使い方**にあります。普段、アイラッシュカーラーでまつ毛を上げるとき、鏡をのぞき込んで指の力や握力だけで上げていませんか？

それだと、十分に上がりきらなかったり、変なところで折れ曲がったり、うっかりまぶたを挟んだりしてしまいます。

アイラッシュカーラーにまつ毛を挟み込むときは、目にギュッと押しつけて、できる限り根もとまで挟み込むようにします。そして、**脇を締めてひじを顔の高さまでグッと持ち上げ、手のひらが上を向くくらいまで**しっかりカール。

このやり方なら、根もとから自然にカールされるだけでなく、普段よりまつ毛が数ミリ上がるはず！　これだけで目ヂカラが確実にアップします。

ゴム部分を長い間替えていない方は、すぐに替えてください。びっくりするほど効果が上がりますよ。数百円の投資で目ヂカラが手に入るなら、買い替えない手はありません！

マスカラは、アイラッシュカーラーでつくったカールをキープさせるためのもの、と考えてOK。

よって、「ロング」や「ボリューム」ではなく、**「カール」に注力しているもの**をチョイス。私のお気に入りは、コスパ抜群の「メイベリン」です。

瞳のなかに引き込まれそうな、存在感のあるぱっちりとした目。そんな目で見つめられたら、相手の男性はあなたのことが気になって仕方なくなるでしょう。

目もとに自信が持てるようになれば、堂々と顔を上げて歩くことも、しっかりと相手の目を見て話すこともできるようになるはず。

そういう意味でも、目ヂカラを上げることはとても大切なんです。

ちなみに、イギリスの研究によると、男性はひと目惚れをする瞬間、相手の目を平均8・2秒見つめているのだそう。気になる男性ができたら、その人の目をじっと見つめ返してみると、あわよくば恋に発展する……かも⁉

Make-Up
12

やわらかな視線をつくるのは、実はつけまつ毛

ok 自然に見えるつけまつ毛を選ぶ

ng マスカラたっぷり三度塗り

視線から恋がはじまったこと、ありませんか？　大勢がいる飲み会で、なぜか特定の男性とばかり目が合ったり、何気ない会話をしているときにじっと見つめられたり。気づけばその人のことが気になって仕方ない！　なんて経験をしたことがある方もいるのではないでしょうか。

目は口ほどにものを言います。とくに恋愛では、「視線を合わせる」「見つめる」だけで、相手をドキッとさせたり、自分を印象づけたりすることができます。

だからこそ、**「目ヂカラ」はマスト**。ぱっちりした印象的な目もとになれば、恋がはじまるチャンスがグッと増えるのです。

目ヂカラを上げるのに、もともとの目の大きさは関係ありません。**大事なのは、まつ毛**。まつ毛の存在感を強めるだけで、目の印象は驚くほど変わります。

といっても、マスカラをたっぷり重ね塗りする方法はおすすめしません。ダマになって不自然ですし、落ちて目の下が黒くなるおそれも。まつ毛エクステは便利ですが、コストをかけたくない方や肌が弱い方には向いていません。

そこでぜひ使ってほしいのが、**つけまつ毛**。意外に思うかもしれませんが、選び方とつけ方次第で、ナチュラルなぱっちり目もとが簡単に手に入ります。

つけまつ毛は、つけ根が透明でやわらかいもの、本物のまつ毛のように毛が密集しているけれど、**毛量が多すぎないものを選ぶのが最大のポイント**。

私が今愛用しているのは、美容家の神崎恵さんがプロデュースした、「D－UP」の「アイラッシュ ラッシュボーテ」の10番。１００円ショップの「セリア」のつけまつ毛も優秀です。

つけるタイミングは、アイメイクを終えたあと。アイラッシュカーラーでまつ毛をしっかり上げ、マスカラを薄くひと塗りすると、なじみやすくなります。

自分の目の幅に合わせてカットすることもお忘れなく。目尻から、目頭より少し内側（黒目のふちあたり）までの幅が目安です。幅をカットして、つけ根を軽く揉んでやわらかくしたら、いざ装着！

専用のりを塗ったつけまつ毛を、伏し目がちにしながらポンとのせ、目を開いて端から少しずつ接着していきます。気になる部分には、**最後にアイライン**をつけ足してもＯＫ。

つけまつ毛を上手につけるには、とにかく場数を踏むこと。慣れれば、マスカラだけで目ヂカラを上げるよりも短時間でできるようになります。

第一印象に効く、まつ毛の作法

NG

前傾姿勢で手鏡をのぞき込むと、まつ毛が折れ曲がり角度がついてしまう原因に……。

Good!

背筋を伸ばして、手首だけではなく、腕ごと持ち上げる。ひじを胸より上の高さまで上げて根もとからカールすると、上向きまつ毛が長時間持続する。ゴム部分はプチプラでいいので、2～3カ月に一度とり替える。

マスカラの選び方って？

「ロング押し」でも「ボリューム押し」でもなく、「カール押し」のものを。ダマになりにくくまつ毛を根もとからしっかりとらえて、カールしてくれるものがベスト。コスパ抜群でカールが持続するのは、「メイベリン」。

マスカラ重ね塗りより、まつエクより、やさしくて吸い込まれそうな「目ヂカラ」に。

気になる部分には、アイラインを足してもOK。

目を伏せながら、つけまつ毛をあててみる。長すぎるようなら目の幅に合わせてカット。のりを丁寧につけて、目頭から装着。

Make-Up
13

はんなり顔は、「まつエク」より「まつ育」

ok まつ育で、地まつ毛をふさふさに

ng まつエクで、偽まつ毛をふさふさに

「朝のアイメイクが面倒」「すっぴんでもかわいくいたい」という女性から絶大な支持を得ている、まつ毛エクステ。どんなときもくるんとカールした長いまつ毛は、お人形みたいでキュートです。

でも、残念なことに、男性ウケがよくないって知っていましたか？

「目だけが強調されてギャルっぽい」「すっぴんになってもエクステがついたままなので気持ち悪い」「たまにそのへんに毛が落ちていて嫌」……など、散々な言われようです（涙）。

同じお金をかけるなら、**私のおすすめは「まつ育」**。まつ毛美容液で、地まつ毛を長くふさふさに育てるケアです。

手軽にできるまつエクより長期戦にはなりますが、育ってしまえば、まつエクのようにつけ替える手間もコストもかかりません。素顔に自信がつきますし、いつものアイメイクがよりいっそう映えるようになります。

ナチュラルな女性らしさのなかに、セクシーさが垣間見える。そんな、男性が惹かれる女性になるためには、**やっぱり素材を磨くことが大切**。

便利な美容アイテムは、あくまでも素材を輝かせるためのツールにすぎません。

Make-Up
14

甘い目もとは、カラコンに頼るべし

ok カラコンで黒目がちな目もとに

ng 瞳はすっぴん勝負

カラーコンタクト＝盛りメイクの代表、というイメージがあるかもしれません。でも実は、男性を虜にする甘い瞳を簡単につくれる、心強い味方でもあるのです。

もちろん、実際の黒目よりかなり大きいサイズのものや、ふちが真っ黒なもの、人工的な色のものはNG。黒目が少し強調されるくらいのサイズで、自分の瞳の色に近い、**ブラック系やブラウン系のナチュラルな色**を選びましょう。

アイメイクだけでも、魅力的な目もとにアップデートすることはできます。ただ、瞳の大きさが顔の印象を大きく左右することも事実。小さめの黒目の場合、アイメイクをすることで黒目がより小さく見えてしまうケースもあります。

瞳を物理的に大きくするにはカラコンしかありませんから、バランスをふまえてぜひチャレンジしてみてください！

ちなみに、大手コンタクトメーカーの調査によれば、男性がかわいいと思う女性の目は、白目：黒目：白目＝１：２：１の比率なのだとか。黒目が大きければいいというわけでもないんです。

自分の目の幅をきちんと測ったうえで、黄金比率に近づけるサイズのカラコンを探しましょう。

Make-Up
15

目の次に見られる唇で、恋が決まる

ok ワセリン＋口紅1往復で、凛とした唇を

ng ピンクのジューシーグロスをたっぷり

男性が女性の顔のパーツのなかで、目の次に見るのが唇。「キスしたいな」と思わせることができたら、恋もうまくいきそうな気がしますよね。

「キスしたくなる唇」を演出しようとしてやりがちなのが、ジューシーなグロスをたっぷり塗ること。確かに、ツヤツヤうるうるの唇はセクシーな感じがするし、アカ抜けて見えます。

でも、男性の目線でよく考えてみて。グロスたっぷりの唇にキスしたら、自分にもべっとりつきそう……と思いませんか？　それじゃセクシーどころか、ちょっとしたホラー（笑）。ともすれば下品にも思われかねません。

正解は、**ワセリンでツヤをほどよく出してから、落ちついたカラーの口紅を1往復塗る**だけ。女性に人気の濃いレッドやボルドーではなく、ナチュラルなピンクベージュ系を選びましょう。物足りなく感じるかもしれませんが、ほんのり血色がよく見えるくらいのカラーが、男性には高評価です。

自分に似合う口紅の色は、メイクのプロである美容部員さんに聞くのがいちばん。「**私に似合う色はどれですか？**」、お店でこの一言が言えないという人、本当に多いです。恥ずかしいからとか、声をかけたからには買わなくちゃいけなくなりそうだからとか。

お客さんをきれいにするのが美容部員さんの仕事。似合う色の提案はお手のものですし、メイクの悩み相談にも快くのってくれます。

買うかどうかすぐに決められないときは、「ちょっと検討したいので、品番を教えていただけますか？」と言えば角が立ちません。**プロの手を上手に借りることも、メイク上達への近道**です！

私のおすすめは、「エスティ ローダー」の「ピュア カラー クリスタル シアー リップスティック」。なかでもクリスタルベビークリームというカラーは上品なピンクベージュで、元祖婚活リップとしても有名です。ナチュラルに色づいて肌によくなじみ、使いやすさ抜群。名前を入れられるので、よくプレゼントにも使っています。

ほかには、「コフレドール」の「ピュアリースティルージュ」のピンクベージュもお気に入り。

本命彼女には、ヘルシーでハッピーな「福顔」でいてほしいと思うのが、男心。そこにセクシーさがちょっぴり垣間見えるくらいが、ちょうどいいのです。

ポーチのなかのツヤツヤグロスの出番は、女子会だけにとどめておきましょう。

とにかく唇はテカらせない、目立たせない

ワセリンでしっかりツヤを出したら、マット系の口紅を1往復するだけ。色はピンクベージュ1本勝負。唇の縦ジワが気になるときは、最後にもう一度ワセリンをのせて。

口紅の選び方って？

物足りないかなと思うくらいの、ほんのり色づくピンクベージュが1本あればいい。どんなヘアやファッションにも浮かない。元祖婚活リップの「エスティ ローダー」の「ピュア カラー クリスタル シアー リップスティック」（01クリスタルベビークリーム）や、「コフレドール」の「ピュアリーステイルージュ」（BE-234ピンクベージュ）が大本命。

顔のなかでも色味がわかりやすい唇は、男性でも「清楚」か「品がない」か一目でジャッジしやすい。雑誌でよく見る「グロスでうるうるに」「赤リップでこなれ感」は、非モテメイクの代表と心得て。

Make-Up

16

選ばれる女は、唇をリセットしている

ok 口紅は、唇にファンデーションをのせてから

ng 口紅をそのまま塗る

幸せそうな唇をつくるには、ワセリン＋口紅1往復、とお伝えしましたが、実はもうひとつ加えたいテクニックがあります。それは、**ワセリンのあとにティッシュオフして、ファンデーションを唇に軽くのせる**こと。

かわいいと思って買った口紅が、いざつけてみるとイメージと違った……という経験はありませんか？　唇の上にそのまま口紅を塗ると、もともとの唇の色がどうしても影響してしまいます。

ファンデーションで唇の色を一度消してから、口紅をのせれば、本来の口紅の発色を最大限にいかすことが可能に。**口紅のもちもアップする**から一石二鳥です！

プラスアルファのリップメイクとしておすすめするのは、リップペンシルで輪郭をとること。鏡の前で口角を上げて笑い、**男性に見られたい表情のまま輪郭をとると、笑顔の魅力が最大限にアップ**します。たっぷり塗りがNGなグロスも、唇の中央に少し重ねるだけなら、透明感のあるふっくらとした唇に。

乾燥してガサガサな唇は、たっぷりグロス以上に厳禁！　普段からワセリン＋ラップでリップパックをしたり、定期的にリップスクラブをしたりして、保湿に気を使うようにしましょう。

Make-Up
17

口もとのケアにお金を惜しまない

ok オーラルケアが最優先

ng 新作コスメが最優先

オーラルケア、していますか？　どんなにメイクをがんばっていても、モテしぐさを身につけても、歯が汚れていたり口臭があったりすれば、100年の恋も一瞬で冷めます。

「歯のお手入れってすごく高額じゃないですか？」とよく聞かれますが、私が通っているのは普通の歯医者さんで、1回3000円くらい。

1～2カ月に1回のペースで、**歯石除去**などのクリーニングをしてもらっています。**歯茎のマッサージ**もしてもらうのですが、それだけで歯茎の色が変わって健康的に見えるからびっくり！

歯医者さんは、虫歯ができたときにだけ行くところではありません。**歯の汚れや黄ばみ、歯茎のトラブル、口臭などの対策**は、恋愛に限らず人付き合い全般に欠かせない最低限のエチケット。セルフケアだけでは防ぎきれないこともあるので、定期的にプロに見てもらうことをおすすめします。

1～2カ月に数千円の出費なら、新作コスメをひとつガマンすれば痛くないはず。幸せな恋愛を手に入れるためには、**お金の使い道の優先順位をしっかり見極める**ことも重要なのです。

Make-Up
18

眉だけは、全力でトレンドを追いかける

ok 毛流れをいかしたアーチ形の太眉

ng 手入れなしの自眉

眉は、顔のなかでもっともトレンドに左右されるパーツ。ファッションもスタイルも素敵なのに、なぜか老けて見える人は、学生時代に流行った眉をそのまま続けていることが多いです。

眉の形、とくに太さは、今すぐトレンドに合わせましょう。それだけで印象がグッと洗練され、若々しく見えます。

最近の主流は、**本来の毛流れをいかした太めのアーチ眉**。少し長めの毛や産毛もそのままにした、ナチュラルな眉が人気です。眉の形に沿ってきっちりカットしすぎたり、まわりの産毛をすべて抜いてしまったりすると、切り絵ののっぺりと見えて逆に不自然です。

ただし、ナチュラル眉が流行っているからといって、いっさい手入れをしないのはNG。ナチュラルをとおり越して、横から見るとおじいさんのようにバサバサとしてはいませんか（笑）。

これはもはや身だしなみの問題です。あなたの眉は横に並んだ男性の目線からはこう見えているということですから、おじいさん眉になっていた方はほどよくカットしましょう。

私の眉の描き方は、**ペンシル↓パウダー↓眉マスカラ**の3ステップ。髪の色と同じか、それより少し明るめの色を選ぶと浮きません。

まずは、眉のカーブをゆるやかなアーチ型に近づけるところから。眉の底辺が直線になるように、眉山の下部分をペンシルで埋めていきます。眉がちょっと古くさく見える人は、**眉山のカーブがつきすぎている**からかもしれません。

次に、眉山全体を描き足して太さを整えたら、眉頭から眉尻にかけて濃くなっていくイメージでパウダーをオン。眉頭が濃いと不自然になるので、色がのりすぎたら指でぼかします。

最後に眉マスカラで色を調整して、できあがり。眉の太さは、黒目の縦幅の3分の2くらいを目安にすると好バランスです。

メイク雑誌に載っている「モテメイク」や「愛されメイク」は、新商品を使ったトレンド重視のメイクがほとんど。男性が話しかけやすい、出会いの増えるメイクかといえば、そうとは限らなかったりします。

でも眉メイクだけは、メイク雑誌を毎シーズンでも買って、徹底的に参考にして。**眉を変えるだけで美人度が格段にアップする**という感動を、ぜひ体験してほしいです。

角度のないふんわりアーチ眉が、女の包容力

1

ペンシルで黒目の内側あたりから眉尻にかけて隙間を埋めていく。とくに眉山の下部分の角度をなくすと今っぽい。左右で細いほうの眉から描くと失敗しにくい。

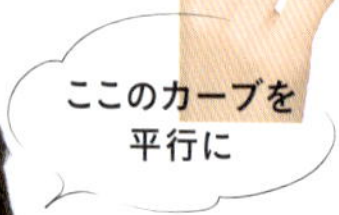

2

パウダーを眉尻にかけて濃くグラデーションになるようにのせる。眉山以降のカーブは、目のカーブと同じ角度で下げる。つり上がり眉は、男性を威圧。

3

最後に眉マスカラを根もとからふんわりとつけ、色味を調整する。

Good!

4

“太めアーチ眉”のできあがり。やわらかくてフェミニンな旬顔に。

Make-Up
19

眉は「減点法」で見られている

ok 印象に残らない眉

ng 印象に残る眉

アイメイクやリップメイクとくらべると二の次にされがちですが、**第一印象美人の鍵を握るのは眉**。眉の整え方ひとつで、クールに見えたり、やさしく見えたり、同じ顔でも表情ががらりと変わります。

ただし、眉はあくまでも、顔の印象を陰から操る、縁の下の力持ち的な存在。眉自体を主張しすぎてはいけません。

理想は「**印象に残らない眉**」であること。すぐに思い出せる、**記憶に残っている眉というのは、なにかしら印象の強すぎる減点ポイントがある**からです。

細いな、太いな、濃いな、薄いな、手入れしすぎだな、などなど……。女友達や、芸能人の顔を思い浮かべてもそうですね。すぐに思い浮かぶ眉の人は、なにか気になるポイントがあると思います。

反対に、いつもテレビで見ているきれいな女優さんがどんな眉だったかは、なかなか思い出せないもの。

印象に残らない眉をつくるには、まず**本来の毛流れをとり戻すことから**はじめましょう。理想は1カ月くらいは完全放置で、剃ったり抜いたりせずに眉毛を生やしてください。

メイクをするときは至近距離で自分の顔を見るので、眉まわりの産毛が気になりがちですが、人から見たら意外と気になりません。逆に産毛をなくしすぎると、眉だけ浮いて不自然になってしまいます。

十分に眉毛が生えたら、前の項目で紹介した手順で、**ナチュラルなアーチ眉**に寄せていきます。

ベースメイクのあと、まず眉から描く人が多いと思いますが、**アイメイクを終えてから描く**のがベター。全体のバランスを見ながら描けるので、眉の主張が強くなるのを防げます。

朝は完璧なナチュラル眉なのに、時間が経つにつれて化粧崩れが目立ってしまう。そんな方は、ベースメイクのあとに眉のまわりを軽くティッシュオフしてみてください。

さらに、お粉をのせてから眉メイクにとりかかると、もちがかなりアップすると思います。

今っぽいのに好感度の高い顔は、印象に残らないナチュラルな眉からつくられます。まずは今日から、「眉毛生やし月間」をスタートさせましょう！

Make-Up

20

品のある女は、毛流れに逆らう

ok 毛流れに逆らって眉マスカラを塗る

ng ブラシでそっと撫でるだけ

眉メイクの仕上げに使う眉マスカラ。

眉毛の色を髪の色に近づけるだけでなく、ナチュラル眉にマストな美しい毛流れをつくるという目的もあります。

そのために重要なのは、**眉尻から眉頭にかけて、毛流れに逆らうようにして根もとから塗る**こと。

毛を立ち上げていく感覚で、**地肌につかないように小刻みに動かしながら丁寧に塗っていく**と、ふんわりとした上品な眉に仕上がります。マスカラの色が毛の裏側にもしっかりついて、より自然な色合いになるという効果も。

毛流れに沿って、眉の表面をブラシでそっと撫でるだけの人も多いと思いますが、それだと毛がぺったりと寝てしまいます。

ペンシルとパウダーでせっかくつくったふんわり眉が、台無しになってしまうおそれも……。

眉は目と同じくらい、表情豊かで動きのあるパーツ。

上品でナチュラルな第一印象美人になれるのは、仕上げの眉マスカラまで手を抜かない人。どうぞ思いきり毛流れに逆らってください。

Make-Up
21

肌は、全部脱ぐ

ok メイクは落とすもの

ng メイクは盛るもの

メイクをしたまま寝落ち。忙しい女性なら経験があるかもしれません。

でも、これだけは絶対にやらないで。どれだけ上手にメイクができても、丁寧にスキンケアしていても、**たった一度の寝落ちで肌は台無し**になってしまいます。

寝る前に必ず、**肌を全部脱ぐこと**。その際は、肌に与える刺激をできるだけ少なくするようにしましょう。

オイルクレンジングはメイクが落ちやすいですが、そのぶん肌への負担も大きいので、オイルが肌に残らないようにしっかり洗い流すことが大切。この本で紹介しているメイクであれば、ジェルやミルクでも十分落ちるかもしれません。使っているメイクアイテムなどに応じて、クレンジングの種類を選ぶようにしてください。

刺激を少なくするために使いたいのが、**アイメイク用のポイントメイクリムーバー**。マスカラやアイラインを普通のクレンジングで落とそうとすると、強くこすってしまいがち。目もとの皮膚はデリケートで、摩擦がくすみやシワの原因になりかねませんので、ポイントメイクリムーバーを使ってさっと落とすのが安心です。

メイク落としは、メイクの基本中の基本！ **「盛る」より「落とす」**ことに力を注ぎましょう。

Make-Up

22

ネイルは地味なほど、恋に効く

ok オイルでツヤツヤ地爪

ng ストーンでキラキラネイル

ネイルサロンに行くと、カラフルなジェルやキラキラストーンにワクワクしますよね。セルフで凝ったネイルをしている人も多いと思います。

でも、おしゃれなネイルが好きなのは女性だけ。多くの男性は、**爪を飾ることに価値を感じていません。**それどころか、盛りすぎのデザイン、鮮やかすぎる色、長すぎる爪に、ドン引きしている可能性も……。

爪は、**清潔感をキープするだけでOK。**きちんと切りそろえ、甘皮やささくれはオフし、ネイルオイルで保湿して終わり。ジェルもマニキュアも必要ありません。

私も本当はネイルが大好き。でも、出会いの確率を最大限に高めるためにグッとガマンしていました。

どうしてもネイルがしたいときは、単色か白のフレンチだけ。最初は物足りなくてウズウズしましたが（笑）、意外とすぐに慣れましたよ。

東京ディズニーリゾートでは、キャストの爪の長さは3ミリ以内と決まっています。カラーは肌色に近いものだけで、アートやグラデーション、ラメなどは禁止。これが、老若男女に好感を持たれる指先なのです。

接客のプロの身だしなみは、出会いの場でも有利。ぜひ積極的に真似してください。

鏡を見るたび、出会いは増える

ok スマホに鏡をしのばせる

ng 化粧室で身だしなみをチェック

私は恋愛コンサルタントとして、幸せな恋愛をしている女性ともたくさん接し、彼女たちの言動を観察してきました。そのなかで確信していることがあります。

それは、**鏡で自分の顔を見る回数が多い女性ほど、出会いも多い**ということ。

彼女たちは化粧室だけでなく、電車のなかでも、待ち合わせ前でも、食後に男性が席を立った少しの時間でも、ちょっとした隙間さえあれば鏡で顔をチェックしているのです。

「人前で鏡を見るなんて」と抵抗を感じる方も多いと思います。確かに、公共の場でファンデーションのコンパクトをがっつり出すのは、品がいいとはいえません。

出会いの多い、モテる女性たちがこぞってやっている裏ワザは、**内側にミラーのついたふたつ折りのスマホケース**を使うこと。

これなら「鏡を見ている感」を出さずに、さりげなくチェックすることができます。スマホのインカメラより見やすくて断然おすすめ。

口紅が歯についていないか。ファンデーションやメイクがヨレていないか。自分の顔をよく見て身だしなみを整えるのは、**恋愛や婚活以前の女性として当然のマナー**です。

Make-Up

24

男は、女の「汚れた顔」を見逃さない

ok 目を閉じて自撮りでチェック

ng 目を開けたまま鏡でチェック

ふたりで並んで歩いているとき。隣に座ったとき。多くの場合、男性は女性の横顔を見おろす形になります。男性に見られている時間が長いのは、目をぱっちり開いた真正面の顔よりも、実は**伏し目がちな横顔**。

アイラインがヨレていないか？　アイシャドウがムラになっていないか？　眉の端が消えていないか？　これらは目を開けたまま正面から鏡で見ても、なかなかチェックしきれません。

そこでスマホの出番。**目を閉じた状態で正面やななめ上から自撮り**をすると確認しやすいです。もちろん彼の前ではなく、化粧室に行ったタイミングなどを見計らって、こっそりチェックする習慣をつけましょう。

男性は、**女性の化粧崩れが大嫌い**。清潔感がないし、ガサツな印象にも見えるもの。せっかくナチュラルに見えるメイクを仕込んでも、崩れた状態を見られてしまえば一巻の終わり！

ポーチに入れて持ち歩くといいのは、少量サイズの**ポイントメイクリムーバーと綿棒**。アイラインやアイシャドウが崩れたらさっと拭きとり、部分的にメイクし直し。クレンジングが染み込んだ**リタッチ用のコットン、ワセリン**なども便利です。

Make-Up
25

恋を引き寄せる人は、窓際にいる

ok 自然光で、顔より大きな鏡でメイク

ng 洗面所で、コンパクトミラーでメイクメイクがうまくいかないと悩んでいる方。もしかして、小さな鏡で無理やりがんばっていませんか？　あるいは、洗面所の蛍光灯やデスクのスタンドライトの下でパパッとメイクしていませんか？

小さな鏡を使って至近距離で顔を見ると、シミやそばかすがよく見えるので、ファンデーションを必要以上に重ねてしまいがち。顔全体のメイクのバランスがとりにくいというデメリットもあります。薄暗い場所でのメイクも、厚塗りやムラの原因になってしまいます。

メイクをするときは、**自然光がたっぷり入る窓際で**。鏡も自分の顔より大きいものを使って、**顔全体のバランスや首の色との差をチェック**しながら行いましょう。

自然光が入らない場所や時間帯の場合は、部屋をできるだけ明るくして。肌が赤みがかって見えやすい白熱灯より、**白色の蛍光灯の下**をおすすめします。

きれいにメイクをしたつもりでも、外に出たら思っていた以上に濃かった！　なんてことにならないように気をつけたいもの。

出会いのチャンスを自ら増やし、恋を引き寄せられる人は、明るい窓際で美を磨いているのです。

Make-Up

26

寄りの美人より、引きの美人

ok メイクの仕上げは全身鏡

ng 手鏡だけで済ませる

恋人同士になる前は、そこまで間近で顔を見られることはありません。少なくとも1メートルかそれ以上の距離があります。

ですから、メイクの最後には**全身鏡で1メートル以上は離れて顔をチェック**しましょう。

引きで見ると、眉が長すぎたり短すぎたり、チークが濃すぎたり薄すぎたり、バランスの悪さにすぐに気づけます。

私が女性の顔を見ていてよく気になるのは、眉の長さ。たいていの女性は短すぎると感じます。小さな鏡で目のまわりだけを見て描けば、確かにそうなってしまうのもわかります。

眉は大きな鏡を使って、顔全体の輪郭を見ながら描くのがポイント。口角と目尻を線でつないだ延長線上に眉尻がくるのが理想です。短すぎると顔が地味な印象になってしまうので要注意。

出会いのスタートラインに立つには、**「寄り」より「引き」をまずは重視！**

男性から見られている距離や角度を頭に入れて、美人度を確実にアップさせましょう。

Make-Up
27

香水の記憶はいらない

ok お気に入りのヘアクリームをつける

ng お気に入りの香水をつける

あの花のにおいをかぐと、故郷を思い出して懐かしくなる。あの洗剤の香りがすると、昔付き合っていた人を思い出す……そんな経験はありませんか？

においは、記憶を呼び起こします。これは、「**プルースト効果**」と呼ばれている現象です。

嗅覚は、脳のなかでも本能的な行動や感情をつかさどる部分と直接結びついているため、特定のにおいから昔の思い出がよみがえるのだそうです。

また、嗅覚による記憶は、視覚的な記憶にくらべて薄れにくいというデータもあるのだとか。

においと記憶がつながっているなら、出会いの場でもいい香りをまとって、自分を印象づけたいもの。ただ、**香水はちょっとリスキー。**相手も好きな香りであれば効果がありますが、もし苦手な香りだったら、逆に嫌な記憶を植えつけてしまうかもしれないからです。

ベストは、**ヘアクリームやハンドクリームなどの万人ウケする香り。**人工的ではなく、自然界にあるようなナチュラルな香りが理想です。

シャンプーや石けんの香りよりはアピールできて、でもあからさまじゃない。

「この子、なんだかすごくいいにおいだな」という印象を自然に持ってもらえるちょうどいい香りが、ヘアクリームやハンドクリームなのです。

私が愛用しているのは、**「ケラスターゼ」の「RE シモン テルミック」**。グレープフルーツのように上品でさわやかな香りの、洗い流さないタイプのヘアトリートメントです。

これをつけている日は、男性にも女性にも高確率で「いい香りだね」とほめられます♡　髪もしなやかにまとまるので、一石二鳥！

もちろん、汗のにおいや口臭、髪の毛のにおい、服についたにおいなど、**そもそものにおい対策はマスト**で。いくらいい香りのクリームをつけたとしても、ごまかしきれません。

携帯用のマウスウォッシュや制汗剤をポーチにしのばせておけば、安心です。においが気になって早く帰りたい、自信を持って男性に近づけない……そんな悲しいことはないように。

出会いの場で一歩リードするなら、誰もが好きな「いい香り」をさりげなくまとって。視覚だけでなく嗅覚でも恋をさせるのが、本当のいい女です。

サンクチュアリ出版＝本を読まない人のための出版社

はじめまして。サンクチュアリ出版・広報部の岩田梨恵子と申します。
この度は数ある本の中から、私たちの本をお手に取ってくださり、ありがとうございます。…って言われても「本を読まない人のための出版社って何ソレ??」と思った方もいらっしゃいますよね。
なので、今から少しだけ自己紹介させてください。

ふつう、本を買う時に、出版社の名前を見て決めることってありませんよね。でも、私たちは、「サンクチュアリ出版の本だから買いたい」と思ってもらえるような本を作りたいと思っています。
そのために"1冊1冊丁寧に作って、丁寧に届ける"をモットーに1冊の本を半年から1年ほどかけて作り、少しでもみなさまの目に触れるように工夫を重ねています。

そうして出来上がった本には、著者さんだけではなく、編集者や営業マン、デザイナーさん、カメラマンさん、イラストレーターさん、書店さんなどいろんな人たちの思いが込められています。そしてその思いが、時に「人生を変えてしまうほどのすごい衝撃」を読む人に与えることがあります。

だから、ふだんはあまり本を読まない人にも、読む楽しさを忘れちゃった人たちにも、もう1度「やっぱり本っていいよね」って思い出してもらいたい。誰かにとっての「宝物」になるような本を、これからも作り続けていきたいなって思っています。

CHAPTER

2

Hair

髪に仕込むのは、
ギャップと隙

Hair
28

モテ髪は、オーダーからはじまる

ok 「モテる髪型にしてください」と伝える

ng 「似合う髪型にしてください」と伝える

ヘアサロンで、多くの女性がやりがちなことがあります。それは「似合う髪型にしてください」とオーダーすること。

美容師さんはプロですから、あなたの顔立ちや髪質や雰囲気に「似合う」髪型にしてくれるでしょう。でもそれが同性からほめられる髪型なのか、年齢より若く見える髪型なのか、おしゃれ度がアップする髪型なのかは美容師さん次第になってしまいます。

オーダーするときは、照れずに、言葉を濁さずに「**男性が話しかけやすい髪型にしてください**」と言いましょう。恋をはじめたいなら、**最大公約数に好かれるモテ髪**で挑むのが鉄則。

モテ髪のお手本は、やっぱり**女子アナ**。肩につくくらいから胸までの間のミディアム〜ロングで、前髪はななめに流す、フェミニンで清楚なヘアスタイルが主流です。スーパーロングやベリーショート、パッツン前髪の女子アナはいません。なぜなら、テレビで情報を発信する立場として、老若男女に親しまれる必要があるから。

幅広い人から好かれるということは、**当然ながら男性にも好感を持たれやすい**ということ。ヘアスタイルだけでなくファッションもメイクも、女子アナをお手本にしておいて間違いありません！

「クーポンがあるから」「美容師さんとなにを話していいかわからないから」とヘアサロンを毎回変える人もいますが、一刻も早く**行きつけのサロンを見つけること**がきれいへの近道です。

私が通っているのは、シングルマザー時代からかれこれ8年以上お世話になっているサロン。再婚する前はとにかく節約をしていて、美容にかけるお金があるなら子どもの食費にしたいと思っていたので、カットだけサロンにお願いしてヘアカラーは自分でしていました。

そんな私の事情を担当の美容師さんは理解してくれていて、「じゃあ長持ちするカットにしないとね！」なんて言ってくれていました。はじめて行くサロンだったら、こんなに赤裸々には相談できません。

行きつけのサロンをつくる最大のメリットは、**「本音で話せる」ようになること**。「モテたい」「女子アナ風にしたい」というオーダーもぐんとしやすくなるはずです。まずはお気に入りのサロンを見つけて、美容師さんを味方につけるところからはじめてみましょう！

Hair
29

ヘアサロンで、照れない勇気

ok 石原さとみの画像を見せる

ng 「石原さとみにしてください」と言う

ヘアサロンに行ったとき、ヘアスタイルの希望を美容師さんにどう伝えていますか？　本当は理想のヘアスタイルの女優やモデルがいるのに、「私なんかが〇〇ちゃんみたいになれるわけがない」「恥ずかしい」なんて思って、伝えるのをあきらめてはいませんか。

それはとてももったいないこと。芸能人のヘアスタイルをお願いして、変に思う美容師さんはいません。むしろ、具体的なイメージが伝われば伝わるほど、「理想に近づけてあげたい！」と思うのがプロ。どんどん伝えたもの勝ちです！

ただし、石原さとみさんのようなヘアスタイルにしたいからといって、「石原さとみにしてください」と言うだけではNG。美容師さんの思い浮かべる石原さとみさんが、あなたと同じとは限らないからです。**伝えるときは画像を見せましょう**。

ちなみに、もし気になる男性がいるなら、彼の好きな芸能人を聞いておくことを忘れずに！　できれば3人くらい聞けるとベストです。「剛力彩芽が好き！」と言われても、あのショートヘアは剛力彩芽さんだから似合っているのであって、そっくり真似するのはなかなか難易度が高いから（笑）。

複数いるタイプのなかから、**無理なく真似できそうな人を選ぶ**ようにしましょう。

Hair
30

今すぐ出会いが増える髪色がある

ok ヘアカラーは8レベル

ng 似合う色ならなんでもOK

みんなに好かれるモテ髪を目指すなら、髪の色はどうすればいいのでしょうか。
地毛や黒髪そのままがいいと思いきや、実はそうでもありません。清楚だけど女性らしい華やかさも持ち合わせた、**「8レベル」のブラウンが鉄板**です。

8レベルとは、日本ヘアカラー協会が提唱しているヘアカラーの明度。もっとも暗い1レベルから、もっとも明るい20レベルまであり、たいていのヘアカラー剤がこのレベルスケールに対応しています。

企業の髪色ルールとしてもよく採用されており、**大手百貨店の販売員がちょうど8レベル**くらい。幅広い人と接する、比較的華やかな業界や職種が採用している明るさです。一方で、ホテルや病院は7レベル、航空会社や銀行は6レベルくらいが目安となっているようです。

地味すぎず、派手すぎず、顔をパッと明るく見せてくれるのが8レベルのヘアカラーのすごいところ。仕事上明るくできない人もいると思いますが、もしできる場合は、ぜひこの明るさにチェンジしてみて。

美容師さんにそのまま伝えれば、イメージのズレがなく安心。私もいつも8レベルにしてもらっています♡

Hair
31

ヘアサロンの有名度より、通う頻度を上げる

ok 月に1回はサロンに行く

ng 有名サロンに2〜3カ月に一度通う

ヘアサロンに行くにはお金がかかりますよね。カットだけならまだしも、カラーもして、トリートメントもして……となるとけっこうな出費になります。

でも、できれば**月に1回は行ってください**。1カ月もすれば前髪は邪魔になりますし、根もとの地毛の色も目立ってきます。また、日々蓄積されるダメージは、セルフケアだけではとりのぞけません。

人気サロンの有名美容師に切ってもらうのは素敵ですが、それで**年に数回しか行けないようなら本末転倒**。同じお金を払うなら、**等身大のサロンに変えて通う頻度を増やしましょう**。こまめにケアしてもらうことで、髪の悩みやトラブルも解消していきます。

シングルマザー時代は贅沢なサロンケアがなかなかできなかった私ですが、あの頃より余裕ができた今では、ちょくちょくカットやヘアアレンジをしてもらいに行っています。「できるだけ安くモテ髪にして！」なんてお願いしていた当時の恩返しという気持ちも込めて（笑）。

サロンできれいにしてもらうのって、気分も上がるから私は大好き。月1回のメンテナンスタイムをぜひ思いきり楽しんでください♪

Hair
32

自ら ヘアスタイルを 乱す

ok たまに耳にかけたり、わけ目を変えたりする

ng ヘアスタイルは一日中キープ

会話の最中に髪を耳にかけたり、さりげなく髪をかき上げてわけ目を変えたり、食事の前に髪をアップにしたり。これらは、**王道だけど効果抜群のモテしぐさ**。

でも、せっかく整えたヘアスタイルを崩すのは勇気がいります。

出会いのチャンスがある集まりや、気になる男性との食事の際には、私に騙されたと思って(笑)、ぜひ試してみて。男性の視線を高確率で感じるはずです。

男性が釘づけになるポイントは、**「雰囲気のギャップ」と「肌のチラ見え」**。

人はギャップに弱い生きもの。私服しか見たことのない男性のスーツ姿を見て、思わずドキッとしたことはありませんか？　服でギャップを見せるのもいいですが、髪なら一日のなかで雰囲気を変えられるのでとっても手軽！

また、あからさまな肌の露出は男性に不評ですが、**耳やうなじがチラッと見える**のは大歓迎という人、すごく多いです。これぞ、ナチュラルなかに垣間見えるセクシーさ。

ワックスは髪の表面につけるとベタッとして、ヘアスタイルを崩しにくくなります。おじぎをして**髪を前におろし、わしゃわしゃっとラフにつける**のがコツ。髪をかき上げたときにいい香りがするように、ヘアクリームもお忘れなく♡

王道だけど、やらない理由がない"髪揺らし"

Hair

33

男が求めるのは、触りたくなる「隙」

ok 隙だらけの女になる

ng 完璧な女になる

「隙のある女性はモテる」、よく聞きますよね。「隙がないってよく言われる」「隙っていったいなんなの！」と悩んでいる人も多いのでは？

隙とは、一言であらわすと、私がこの本で何度も伝えている「**話しかけやすさ**」。隙のある女性というと、軽い女のようなイメージを持つ方もいるかもしれませんが、そうではありません。**隙のない女性＝話しかけにくい＝心の距離を詰められない**。つまり、隙がなければ恋愛のテーブルにのることすらできないのです！

隙がないことに悩む女性におすすめの、今すぐ隙ができる簡単な方法があります。それは、**少しラフな髪型にすること**。

「たかが髪型で」と思わないでください。男性は、私たちが思っているよりずっと照れ屋で怖がり。見た目に「隙」を感じなければ、やすやすと声はかけられません。

しっかりとした巻き髪や、反対にコームで一糸乱れぬサラサラヘアにするのは、隙を完全になくす行為。**くせ毛風に軽く手ぐし＆わけ目をざっくりつくる**だけで、「話しかけたい」「あわよくば触りたい」という隙が生まれます。

最近はこういうラフなヘアがトレンドでもありますから、隙もこなれ感も一気に出せちゃう。いい時代です（笑）。

Hair

34

モテ前髪の法則は、「黄金トライアングル」

ok 長め＆重めで、三角形におでこを見せる

ng ワンレンやパッツン前髪

前髪は、女性の印象をわかりやすく左右するもの。うしろ髪を5センチ切ってもそんなに気づかれませんが、前髪は5ミリ切っただけですぐに気づかれます。

そんなに女性の顔に影響を与えるパーツなら、徹底的に「モテ仕様」にしたいですよね。

モテる女性の前髪には、ある法則が存在します。私はそれを**「黄金トライアングル」**と呼んでいます。

黄金トライアングルとは、前髪の隙間からおでこが三角形に見えている状態のこと。**眉にかかるくらいの長さ、かつ少し重めのボリュームで前髪をカットし、ななめに流します。**

まわりをよく見てみると、恋愛に悩まないモテる女子の前髪は、このスタイルであることが圧倒的に多いことに気づきませんか？

しつこいようですが（笑）、女子アナも、大半はこの前髪。試しに〝女子アナ〟で画像検索してみてください。私調べでは、約8割の女性アナウンサーが黄金トライアングルを前髪に採用しています。

長すぎず短すぎず、重すぎず軽すぎず、**ふんわり流れて適度におでこが見える。**これが**ナチュラルでフェミニンな万人ウケする前髪**。

長く残した前髪も大人っぽくて素敵ですが、かわいらしく親しみやすい印象を与えるなら、断然前髪ありです。

前髪を伸ばしている人、今まで前髪をつくったことがない人は、印象をガラッと変えるチャンス！

何度か会っている男性がいるなら、「あれっ？　急にかわいくなった！」とドキッとさせられる絶好の機会。職場やいつもの飲み会に新しい前髪で登場すれば、意外なところで恋がスタートするかもしれません。

黄金トライアングルをキープするコツは、**ストレートのヘアアイロン**。流す方向とは逆に向かって前髪をななめに引っ張り、アイロンで挟んで内側に軽く巻きます。数秒おいてから前髪を元の方向に流せば、ななめにくるんと流れたナチュラルバングのできあがり！　ツヤ感もぐんとアップします。

これなら、髪をおろしても、うしろで結んでも、ハーフアップにしても、パーフェクトにかわいく仕上がります。

ぜひ前髪をいかして、いろいろなヘアスタイルにチャレンジしてみてください。

小顔も印象操作も、前髪ひとつで叶う

1

流したい方向と
逆に向かって前
髪を引っ張る。

2

ヘアアイロンで内
側に軽く巻く。

大きな目のほうのおでこを
見せると、両目とも大きく
見えるよ！

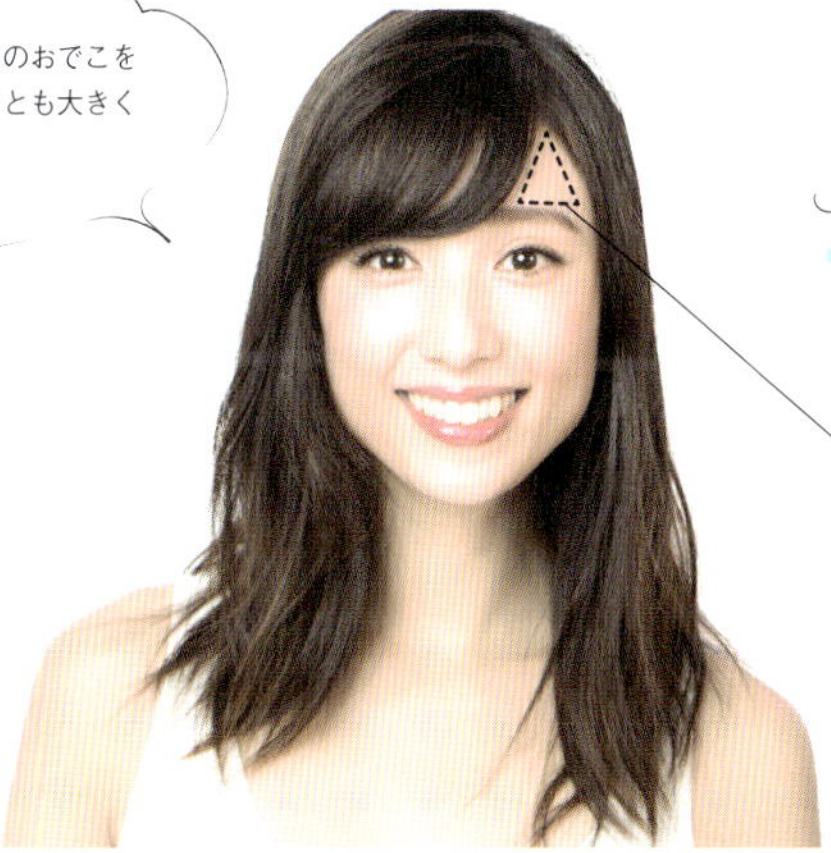

Good!

3

黄金トライアングルのできあがり。この三角形の面積が狭いほどかわいらしく、広いほど大人っぽい印象に。小顔効果もあり。

Hair
35

2回目のデートで恋に落ちる、運命のひとつ結び

ok 王道のポニーテール

ng 後れ毛たっぷりの編み込みアレンジ

いい女は、一日のなかで何度も自らヘアスタイルを乱す、とお伝えしました。これ、日を変えて実践するのももちろん効果あり！

王道はなんといっても、ダウンヘアからのアップヘア。はじめて会う日は髪をおろし、次に会う日は全部アップにするという方法です。

男性がドキッとする**「雰囲気のギャップ」**と**「肌のチラ見え」**を見事にカバーする、超おすすめの定番テクニック。

ただし、アップの仕方には注意が必要です。最近のアップヘアは、思いきりルーズに見せるのが主流ですよね。後れ毛をわざとたくさん出したり、編み込みをあえてゆるめたり。そのほうが女子目線では断然こなれて見えておしゃれです。

でも！　この感覚って、男性には理解しがたいんですって。せっかくのかわいいヘアアレンジも、「だらしない……」「時間なかった？」「なんだか疲れてる？」と思うのだそうです。

女子のおしゃれ心がこんなにわかってもらえないなんて……（涙）。

ですので、ルーズなアップヘアは、男性の前ではいったん封印。**迷わず「ポニーテール」を選んでください。**ヘアもファッションもシンプル・イズ・ベスト。仕事でお会いする婚活中の男性に聞いてみても、ポニーテールが嫌いという人は今までひとりもいませんでした。

ただ、コームでとかしつけたような「ひっつめポニーテール」は、隙のなさや老け感が出てしまいます。ゴムで結んだあと、ワックスのついた指で後頭部の髪の毛だけはふんわりさせましょう。

ゴム部分は、毛束を少しとり結び目に巻きつけてピンでとめて隠すだけ。

ヘアアレンジの「隙」と「だらしなさ」の境界線は判断が難しいですが、**全体を丁寧に仕上げてから、ちょっとだけラフに崩す**、くらいがちょうどいいのかなと思っています。

ポニーテールの魅力は、揺れ感にもあります。男性は狩猟本能から揺れるものに目が行ってしまう、という説もありますが、とにかく「揺れる毛先がたまらない」と漏らす男性多し（笑）。

テール部分は短すぎても長すぎても微妙で、いちばんかわいく見える髪の長さは肩下〜胸くらい。

そういう意味でも、女子アナヘアはやっぱり無敵のモテ髪です！

こなれ感は、迷わず封印

Hair

36

愛される女の髪は、夜につくられる

ok 夜シャン＋ドライヤーを賢く使う

ng 朝シャン＋スタイリングに時間をかける

寝グセがひどい人や、ボリュームのなさに悩んでいる人は、朝シャン派が多いかもしれませんね。仕事が忙しくて、夜はメイクだけ落として寝てしまう……なんて人もいると思います。

朝シャンと夜シャン、果たしてどちらが髪にいいのでしょうか？

私も気になって美容師さんに聞いてみたり、ヘアメイクさんの本やブログで調べてみたりしたことがありますが、「**きれいになりたいなら夜洗う**」という答えが圧倒的に多かったです。以来、髪はできるだけ夜に洗うようになりました。

夜シャンのメリットは、一日分の汚れを寝る前に落とせること。髪は夜寝ている間につくられるため、スタイリング剤や皮脂、ホコリなどがついたまま寝ると、健康な髪が生えるのを妨げてしまうそうです。

また、シャンプーをすると頭皮を守っている皮脂の膜が一時的に失われ、再生までに数時間かかるといわれています。

つまり、朝シャンしてからすぐに外出すると、紫外線などのダメージをダイレクトに受けてしまうということ。抜け毛やパサつきの原因になりかねません。

健康的なツヤ髪をつくるには、夜、髪を洗うこと。朝洗わないとクセがすごいという人は、ぜひドライヤーの使い方を見直してみてください。

まず大前提として、自然乾燥はダメ。髪が濡れた状態で長時間いると、髪のなかの水分や栄養分が不足しがちに。半乾きのまま寝てしまえば、さらに髪を傷めてしまいます。

タオルをやさしく押しあててタオルドライしたら、毛先を中心にヘアオイルやクリームをつけ、毛の流れに逆らわず上から下に向かって風をあてます。

髪は高温に弱いので、細かい調整ができるドライヤーであれば、温度は「低」・風量は「大」に設定を。今は低温ドライヤーもたくさん販売されています。

そして、**仕上げには冷風をあてる**こと。

髪の形は冷えるときに定着するので、ブローのあとに冷風で仕上げることで、きれいな状態を長くキープできるのです。このひと手間で、翌朝のスタイリング時間は大幅にカットできるはず。

もし寝グセやうねりがひどい場合は、クセのついた毛をまっすぐに引っ張り、根もとにドライヤーの温風をあてます。10秒ほどあてたら、今度は冷風を10秒ほど。これで元どおりのサラツヤ髪がよみがえります。

CHAPTER

3

Fashion

服でまとうのは、
女らしさ

Fashion

37

男が声をかけたくなるのは、「つまらない」ファッション

ok ユニクロの白カットソー

ng 海外ブランドの花柄シャツ

女性のツボをついたトレンド服が手頃なお値段でそろう、ZARAやH&M。私も大好きで毎シーズンチェックしています。

でも、初対面の男性がいる場に着ていくのは、実はおすすめしていません。なぜなら、**戦闘力が高すぎるから！**

大事なことなので何度も伝えますが、「話しかけても、大丈夫」というメッセージは、思いきり発信しなければ男性には伝わりません。

よかれと思ってとり入れた、大ぶりな柄ものやトレンドデザインが、「おしゃれでセンスもいいから彼氏がいるんだろうな」「個性的で俺には合わないかも」などというマイナスな思考を彼らに与えてしまうのです！

ZARAファッションが好きな男性ももちろんいます。でも、マジョリティではありません。出会いの確率を上げるなら、徹底的に避けるが勝ち！

モテファッションの鉄則は、とにかくシンプル。服もアクセサリーも、できるだけ主張のないものを選びましょう。

女性の目線では、「ちょっとつまらないな」「物足りないな」と思うくらいがちょうどいいのです。

私のおすすめは、**ユニクロやGU**。ベーシックで良質な生地のアイテムがお手頃価格で手に入ります。

最近ではトレンドアイテムも増え、ファッション誌でもよく着まわしが紹介されていますよね。シンプルなのに気のきいたユニクロやGUなら、たとえトレンドアイテムを選んでも主張しすぎるおそれはありません。

私はZARAと同じくらいユニクロを愛用していて、気づけば全身ユニクロな日もあります。でも、人とかぶったことはありませんし、男性からも女性からもよくほめられます。

リーズナブルなのに高見えするモテコーデをそろえるなら、迷わずレッツ・ユニクロです♡

なにも、一生つまらないファッションをし続けましょう、と言っているわけではありません。ファッションの好みを無理に変える必要もありません。好きなファッションがあるなら、お付き合いがはじまったあとに楽しめばOK。

あくまでも**第一印象で出会いの間口を広げるためのテクニック**と割り切れば、気軽にチャレンジできるのではないでしょうか。

恋をしたいなら、"つまらない"・イズ・ベスト

迷ったら白。
これは暗記！

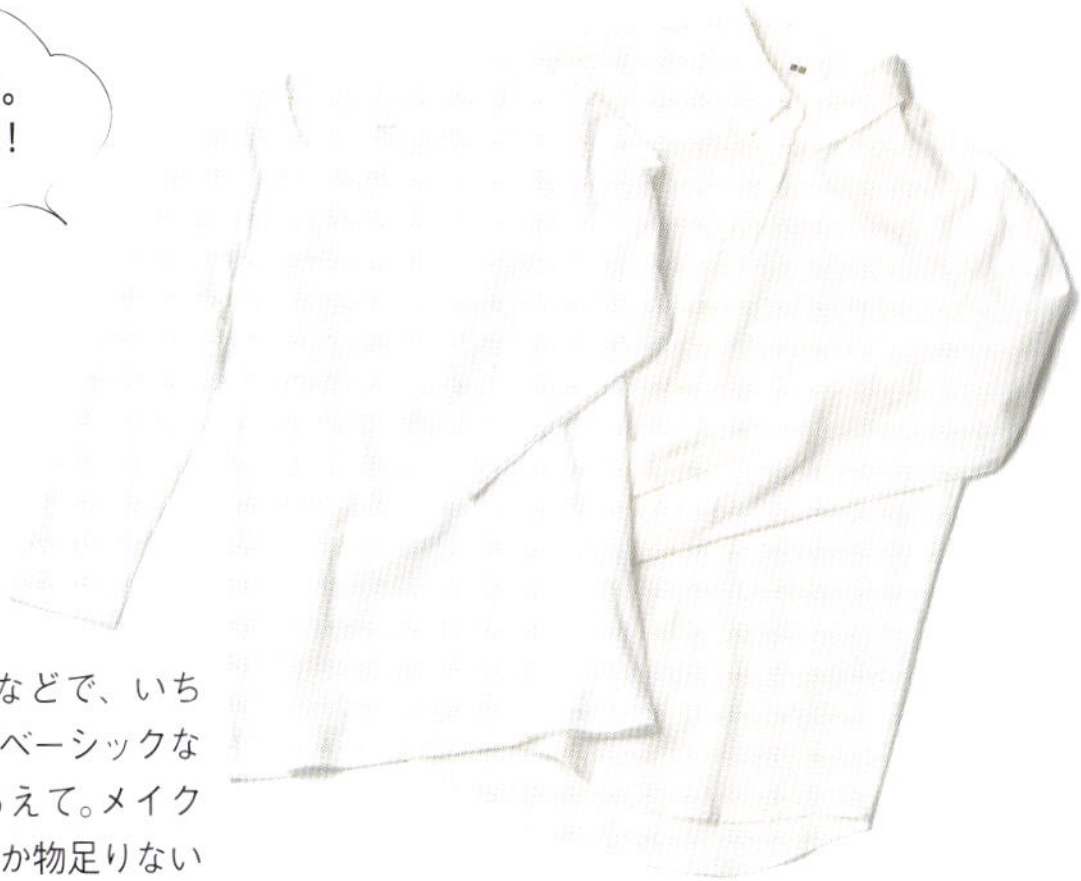

ユニクロやGUなどで、いちばんシンプルでベーシックなアイテムをそろえて。メイクと同じで「なんか物足りないくらい」を目指す。カーディガンやストールで差し色を入れたり、着まわしができるのもいいところ。

大ぶりな柄や個性的なデザインは、初対面の男性と会うときは避けたい。直感的に「女友達にほめられそう！」と感じたアイテムは、女子会にだけ着ていこう。

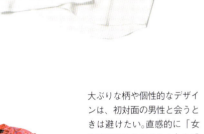

Fashion
38

まずは自分の「骨格」を知る

ok 骨格に合うコーデを選ぶ

ng 雑誌のモテコーデをそのまま真似する

ファッション誌を見ても、恋愛系のサイトを見ても、「モテコーデ」の特集はたくさんあります。

モテアイテムを使った着まわしテクを紹介するものもあれば、一般の男性陣を呼んで「モテコーデ談義」を座談会風に繰り広げるものも。個人的にはこういう記事は大好きで、研究がてら興味深く読んでいます。

ただ、雑誌やサイトのモテコーデをそっくりそのまま真似するのはいただけません！　なぜなら、**そのコーディネートが自分に似合うとは限らない**から。

ショップのマネキンが着ていてかわいいと思った服なのに、いざ買って着てみるとイメージと違ったことはありませんか？

おしゃれな友達のアイテムを真似してみたけど、全然しっくりこなかった……なんて経験は？

それは、あなたが悪いわけでも、友達のほうが素敵なわけでもありません。ただ単に、あなたに似合う服ではなかったのです。

「似合う」「似合わない」の判断軸はいろいろありますが、今私が注目しているのは「**骨格診断**」。最近はファッション誌でもよくとり上げられているので、知っている方も多いのではないでしょうか。

人間の骨格構造は一人ひとり異なっていて、それにより似合う服も変わってくるというのが骨格診断の考え方。

骨格のタイプは**「ストレート」「ナチュラル」「ウェーブ」**の3種類に大きくわけられ、骨のつくりや体型にそれぞれ特徴があるといいます。

骨格診断にのっとると、たとえば白いシャツひとつとっても、似合うものと似合わないものがわかります。襟の形、肩ラインの位置、サイズ感、素材などを自分の骨格タイプに寄せるだけで、驚くほどしっくりくる。

この判断軸を持ちながら、モテアイテムのなかでも自分に似合うものを選りすぐっていくと、**「似合うモテコーデ」にたどり着く**ことができます。

似合っていて、なおかつモテるなんて、まさに無敵！

自分の骨格タイプを知るには、専門家に診てもらうのがいちばんですが、セルフチェックでも大まかな結果はわかります。ぜひチェックしてみてください。

ちなみに私は「ウェーブ」タイプ。似合う服や着こなしがわかると、日々の服選びがグッと楽しくなりますよ！

自分の骨格を分析をしてみよう

Q. 胸板の厚みは？

A 厚みがあり立体的、バストトップ高め

B 厚みがなく平面的、バストトップ低め

C 厚みよりも、肩のラインや骨が目立つ

Q. 筋肉や脂肪のつきやすさは？

A 筋肉がつきやすく、二の腕や太ももが張りやすい

B 筋肉がつきにくく、下半身に脂肪がつきやすい

C 筋肉よりも骨格や関節のしっかり感が目立つ

Q. 首から肩の特徴は？

A 首はやや短め、肩まわりに厚みがある

B 首は長めで細く、肩まわりが華奢で薄い

C 首は長めで、首の筋がしっかり見える

Q. 鎖骨の見え方は？

A あまり目立たない

B うっすらと出ているが骨は小さい

C はっきりと出ていて骨が大きい

Q. 肌の質感は？

A 弾力とハリのある質感

B ふわふわと柔らかい質感

C 皮膚がやや厚めで関節や筋が目立つ

Q. 腰まわりの特徴は？

A 腰の位置が高めで腰まわりが丸い

B 腰の位置が低めで腰が横に広がっている

C 腰の位置が高めでおしりが平板で細長い

Q. ほめられるアイテムは？

A コットンシャツ、シンプルなVネックニット、膝丈タイトスカート、センタープレスパンツ

B ふんわりブラウス、ビジュー付きニット、フレアスカート、ストレッチパンツ

C 麻シャツ、ざっくりニット、ロングスカート、デニム

診断結果

C が多いあなたは…

↓

ナチュラルタイプ
Natural

B が多いあなたは…

↓

ウェーブタイプ
Wave

A が多いあなたは…

↓

ストレートタイプ
Straight

参考：一般社団法人骨格スタイル協会

「似合う」を知って、自信につなげる

骨格診断では、筋肉や脂肪のつき方で、3つの骨格タイプにわけられます（太っている、やせている、身長、年齢などは関係なし）。
自分自身の体型をもっともきれいに見せてくれる「形」「素材」を知ることで、
いちばん似合う服を上手に選べるようになります。

ストレートタイプ
Straight

厚みのあるメリハリ体型
すっきりシンプル、ベーシックなものが似合う

グラマラスな「ストレートタイプ」は、ボリュームがあまり出ない、Iラインのシルエットが似合う。ベーシックなシャツやVニット、タイトスカートなどを、高級感のある素材でそろえるのがおすすめ。反対に、フリルや飾りのあるアイテムは着太りする。

このタイプの有名人

米倉涼子、長澤まさみ、武井咲、マドンナなど

これは苦手……

フリルブラウス、ワイドパンツなど

Natural《ナチュラルタイプ》

骨がしっかりしたフレーム体型
天然素材やカジュアルテイストが似合う

フレームがしっかりした「ナチュラルタイプ」は、オーバーサイズでリラックス感のあるアイテムが似合う。デニムや麻、綿のような天然素材がおすすめ。ぴったりしたシルエットやシルクなどのやわらかい素材は骨格が目立ちすぎてしまう。

このタイプの有名人

中谷美紀、水川あさみ、佐藤栞里、アンジェリーナ・ジョリーなど

これは苦手……

ツインニット、ハーフパンツなど

Wave《ウェーブタイプ》

華奢でやわらかな曲線体型
華やかでフェミニンなものが似合う

カーヴィーボディーが特徴の「ウェーブタイプ」は、体型にフィットする女性らしいファッションがぴったり。パフスリーブやオフショルダーニット、フレアスカートなどが似合う。シフォンやモヘアなどやわらかな素材が得意な一方、革などのハードなものは不得意。

このタイプの有名人

宮﨑あおい、佐々木希、桐谷美玲、オードリー・ヘップバーンなど

これは苦手……

ダンガリーシャツ、マキシスカートなど

Fashion

39

魅力を引き出す色と、半減させる色がある

ok 似合う色を着る

ng 好きな色を着る

ショッピングに行くとつい手にとってしまう色ってありませんか？

好きな色は、見ているだけで自分を元気にしてくれます。お気に入りの色の服を身につけている日は、気分もウキウキしますよね。

「この色を着ていくと、いつもみんなにほめられる！」という人は、ものすごくラッキー。ぜひそのまま好きな色を楽しんで、自信にしてしまいましょう。

一方で、「好きな色なのにどうも似合わない」というケースも多々あると思います。

それは、その色が自分の「**パーソナルカラー**」ではないからかもしれません。

人間の骨格構造が一人ひとり違うように、肌や目の色もまた、一人ひとり微妙に異なります。それに応じて導き出される「似合う色」が、パーソナルカラーと呼ばれるもの。

それらの色の傾向は、一般的に**「スプリング（春）」「サマー（夏）」「オータム（秋）」「ウィンター（冬）」の4タイプ**に分類されます。

たとえば私は、スプリングタイプ。「オレンジレッド」「ターコイズブルー」「クリームイエロー」など、濁りのない明るめの色が似合うタイプです。

私がこれらの色を身につけると、たいていほめてもらえます。ちょっと派手かなと思っても、まわりの感想は「華やかでいいね」「かわいいね」。すごくテンションが上がります（笑）。

でも、しっとりいい女を目指そうとして、くすんだ色を着ると、「具合悪いの？」と心配されます（涙）。確かに自分で鏡を見ても、なんだか顔色が悪く見えるんですよね。これではいくら好きな色でもちょっと残念。出会いがあるかもしれない場では、完全に不利です。

いい女は、**自分がいちばん魅力的に見える色**を知っています。たとえそれが好きな色でなくても、自分を輝かせるためなら積極的にとり入れます。

好きだけど似合わない色をどうしても身につけたいなら、靴やバッグなど小物をその色にするのがベター。**面積を小さめに、かつ顔から離れた場所にとり入れる**のがコツです。また、たとえば同じ赤でも、明るさや色味を微妙に変えるだけで似合う色になることもあります！

骨格診断も、パーソナルカラーも、**「似合う」を知って自信をつけるうえでの道しるべ**のようなもの。出会いの場で有利に立つための隠しワザと思って、難しく考えずに楽しく学びましょう♡

パーソナルカラーを知って美人度急上昇♥

パーソナルカラーとは、生まれ持った肌・髪・瞳・頬・唇などの色に、似合う色を知ること。「スプリング（春）」「サマー（夏）」「オータム（秋）」「ウィンター（冬）」の4タイプにわけられる。ヘアメイクやファッションで似合う色を使えば、美人度がますますUP！

イエローベース

ハードな印象

ソフトな印象

Autumn（秋）

- 大人っぽくてセクシー。実年齢より上に見られやすい。
- 秋らしいこっくりした深みのある色が似合う。

肌の色　黄みがかった色。スプリングタイプより濃い肌色。

唇の色　オレンジ系。

瞳の色　ダークブラウン系。

ヘアメイク　ヘアカラーは、マット系やカッパー系の中明度ブラウンが好相性。リップやチークはあたたかみのあるオレンジ系かサーモンピンク、アイシャドウはオレンジブラウンが似合う。

このタイプの有名人

安室奈美恵、長谷川潤、加藤綾子など

Spring（春）

- 瞳や髪の色が明るい茶色で、実年齢より若く見られる。
- キュートで親しみやすい印象。
- 明るく濁りのない色が似合う。

肌の色　黄みがかった明るいベージュ。

唇の色　サーモンピンク。

瞳の色　明るいブラウン。4タイプ中もっとも色素が薄い。

ヘアメイク　ヘアカラーは明るめのブラウンを。アッシュ系はくすんで見える。リップやチークはコーラルピンク系、アイシャドウは明るめのキャメルブラウンがおすすめ。

このタイプの有名人

宮沢りえ、菅野美穂、上戸彩など

Winter（冬）

- 肌質がしっかりしていて、透けるような白さか褐色のどちらか。
- 凛としたクールビューティー。
- モード系やマニッシュなファッションが得意。

肌の色　頬にほとんど赤みがない。

唇の色　赤色をしている。

瞳の色　黒、ダークブラウンの暗い色。白目とのコントラストがはっきりしている。

ヘアメイク　深みのあるダーク系のヘアカラーが似合う。明るくしたいときは、青みが入ったアッシュ系を。リップやチークは青みのあるチェリーピンクやローズピンク系、アイシャドウはグレーに近いブラウン系がおすすめ。

このタイプの有名人

小雪、黒木メイサ、剛力彩芽など

Summer（夏）

- 顔全体に赤みが出やすく、日本人の5割がこのタイプ。
- 涼しげな雰囲気で、淡い寒色系が似合う。
- インパクトのある色や柄は苦手。

肌の色　透明感がある。すぐに赤くなる人が多い。

唇の色　青みのあるローズピンク系。

瞳の色　ブラウン系。ふちがぼんやりしてソフトな印象。

ヘアメイク　アッシュ系のヘアカラーが似合う。リップやチークは青みがかったオペラピンク系、アイシャドウも青みの入ったピンクブラウン系が◎。

このタイプの有名人

広末涼子、綾瀬はるか、石原さとみなど

ブルーベース

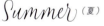

Fashion 40

帽子でおしゃれの底上げをしない

ok カチューシャをつける

ng ベレー帽をかぶる

ニットキャップにストローハット、スポーティなキャップなど、おしゃれのアクセントになる帽子はついつい集めたくなります。

でも、私たちが思っているほど、男性は女性の帽子姿をおしゃれと認識していません。むしろ、「個性的すぎる」「気が強そう」と言う人が多いんです。

私が取材をしたなかでとくに多いのが、「**ベレー帽は苦手**」という声。女性からすれば一気にこなれ感が出る重宝アイテムですが、「女性らしさが感じられない」「マンガ家なの？」……と残念ながら不評のようです。

ヘアにアクセントをつけたいなら、帽子ではなく**シンプルなカチューシャ**がおすすめ。**色は上品な黒や紺**で、**華奢なデザイン**がベストです。

アップにするならシュシュもあり。自分ではつけない女性らしいアイテムというところに、男性陣はきゅんとします♡

カチューシャなら、帽子のようにヘアスタイルが崩れてしまったり、トップがぺしゃんこになったりする心配はありません。レストランで脱ぐ必要もありません。

手軽につけられて、いちばんかわいい状態を一日中キープできるので、おすすめです♪

ピンクは、1回着たら3回休み

ok ピンク、ブルー、モノトーン、いろいろな色を着る

ng 女性らしいピンクを毎回着る

「デートにはピンクを着ていきます！」という女性、多いです。確かに、女性らしくて可憐な雰囲気の色なので、「迷ったらピンクを着ていけば間違いなし」と思っている人は多いかもしれません。

ところが、男性に聞いてみると実はそうでもないんです。本音は「女性らしさをアピールしすぎていてイタイ」「媚びているように見える」とのこと。

ちなみに同じ理由で、**花柄も不人気**なんですよ。女性からするとちょっと意外ですよね。

ピンクが着たいときは、**1回着たら3回はお休み**しましょう。そして、ピンクの面積はどんなに多くても**全身の3分の1まで**。トップスだけ、バッグだけ、靴だけ、などです。

色をピンクにするなら、**デザインは甘くないものがベター**。ピンクのフリルやリボンは、甘すぎてちょっと胸焼けしそう（笑）。

ピンクにこだわらず、ブルー、ネイビー、グレー、ブラウン、白、黒……などいろいろな色を楽しみましょう。毎回違った色を着て雰囲気をガラッと変えるほうが、男性が好きな**「ギャップ」を演出できて効果的**です。

Fashion

42

脚に自信がなくても、スキニーを選ぶ

ok パンツの定番はスキニーに

ng ガウチョでこなれ感を出す

最近は、ガウチョやワイドパンツなどゆったりとしたシルエットのボトムスが人気ですが、男性にはことごとく不評です。

理由は簡単。「**体のラインが見えないから**」です。

「太って見える」「だらしなく見える」「おしゃれさをアピールしているようで声をかけにくい」と言っていた人もいました。

脚からヒップにかけての曲線は、女性特有の体のライン。この「女性らしいライン」こそが、男性の本能を刺激するのです。せっかくの武器をゆったりボトムスで隠すのはもったいない！

たとえ**脚に自信がなくても、ワードローブにはスキニー**を加えましょう。自分では太いと思っていても、男性から見れば魅力的な質感であることはよくあります。

いろいろなブランドからいろいろな種類のスキニーが出ていますので、とことん試着して自分に合うものを見つけるのも◎！　コンプレックスをカバーして、かつラインを美しく見せてくれるパンツが必ずあるはずです。

脚が見える膝丈スカートも不動の人気ですが、パンツもはきこなせる女性になれば**魅力の幅が広がります**。苦手意識はこの機会になくしてしまいましょう。

一年をとおして、くびれをメイク

ok いつでも、どんな服でもウエストマーク

ng ゆったりシルエットで体型カバー

女性らしい体のラインといえば、くびれ。胸よりお尻よりくびれ！　という男性も少なくないくらい、くびれへの支持は高いです。

オーバーサイズのニット、ストンとしたIラインのワンピース、お尻まで隠れるチュニックなどは、ウエストのラインがまったく見えないという理由で、好きではない男性が圧倒的多数。

私たち女性としては体型をカバーしているつもりが、**逆に太って見えている**可能性も！

くびれは存分にアピールする、が正解。ぴったりとしすぎる服はラインが露骨に出て品がありませんが、ウエスト部分がキュッと締まっているXラインのワンピースや、タイトめなトップスにAラインのふんわりスカートなら、女性らしいラインを自然にアピールすることができます。

「くびれに自信がない……」という人も安心してください。水着を着るわけではないのですから、ファッションを工夫して**「くびれ風」に見せればいい**のです。

ワンピースをベルトでウエストマークしたり、トップスをスカートにインしたりするだけで、くびれたシルエットがつくれます。トレンドのサッシュベルトなら、幅が太めなのでウエストが細く見える効果も。

ちなみに、冬にイチオシなのは、ニットワンピース。ふんわりとした質感とさりげないボディラインに、思わず抱きしめたくなる♡　という声が続出です。

スタイルに自信がない人も、厚手の編み目の粗いざっくりローゲージニットならトライしやすいはず。ユニクロにも毎年かわいいニットワンピが登場するので、気軽にデビューしてみてください！

女性の憧れる「スタイルのよさ」が、男性と同じとは限りません。また、男性のなかにだって、ぽっちゃり好きがいればスリム好きもいるし、小柄が好きな人もそうでない人もいます。

「もっとやせなきゃ」とか「もっと女性らしいスタイルじゃなくちゃ」という思い込みから恋愛に臆病になっている人は多いですが、そのせいでもともと持っている魅力や女性らしさを包み隠してしまうのは、とてももったいないこと。

隠すより、いかす。そうすれば、必ず誰かがあなただけの魅力に気づいてくれるはずです。

まずは鏡の前だけでもいいですから、くびれメイク、ぜひやってみてください。

ダイエットより、くびれで着やせを優先

オーバーサイズのトップスは、スカートにイン。引っ張り出してたっぷりたるませるのが、華奢に見せるコツ。

Iラインのワンピースはベルトでウエストマーク。おへそより高い位置でマークするだけで、一気に女性らしく。

- 絶対にダメなのは、ダボダボとしたシルエットで隠すこと。
- どんな服も、「イン」か「ベルト」でモテ服に変身。
- 男性にとって重要なのは、「やせている」より「女性らしい」かどうか。

Fashion

44

露出するのは、胸じゃなくて腕

ok 腕か脚、どちらか一方だけを出す

ng 胸か肩を出す

男性はなんだかんだいって露出多めのファッションが好き、なんて思っていませんか？

肌を見せたセクシーな衣装やグラビアアイドルがもてはやされるのは、芸能人だから。実際に街でそういうファッションの女性を見かけても、一瞬目を奪われはするかもしれませんが、真剣に恋愛をはじめたいとはなかなか思いません。

必要以上の肌見せは、「下品」「軽そう」「男性慣れしている」というようなマイナスイメージにつながってしまうのです。

だからといって、いっさい露出のないファッションは色気がまったく感じられません。ガードが固そうにも見えるし、かえって出会いからは遠ざかってしまいます。

じゃあ、どうすればいいのか？

答えは簡単、**一カ所だけ肌見せする！**です。

女性がやりがちなのは、胸や肩を露出するファッションですが、それは品がないのでNG。

最近はオフショルダーが流行りましたが、実はあれも男性からするとあまり好ましくないようです。デコルテが見えすぎて今にもずり落ちそうだし、動いているうちに上がってきたのを自らおろすしぐさも滑稽に見えるのだとか。
下品にならず、かつ女性らしさがさりげなく漂うのは、腕か脚。このどちらか一方を出すのがベスト！

腕は、二の腕から思いきって出しましょう。露出が多すぎるキャミソールや、子どもっぽく見えるタンクトップではなく、**フレンチスリーブなどのレディなデザイン**がおすすめ。

寒い季節であれば、コートやカーディガンの下に**半袖ニット**を着るのも◎。脱いだときの意外な肌見えにドキッとする男性は多いですよ。

脚は、太ももまで見えるミニスカートやショートパンツは避けて、**膝丈スカートや膝より少し上くらいのショートパンツ**を。足首がのぞくアンクルパンツやクロップドパンツも、華奢な部分が強調されるのでフェミニンな印象になります。

男性が本命彼女に求めるのは、ヘルシーな女性らしさ。ほかの男性からの視線が集まりそうな、危ういファッションはしてほしくないというのが本音です。

付き合ったあとのことまで想像してもらえる、ほどよい肌見せバランスを心がけましょう。

Fashion

45

ノーブランドの腕時計が、恋のハードルを下げる

ok ノーブランドの腕時計をつける

ng 高級ブランドの腕時計をつける

よほどファッションにくわしい男性でなければ、女性もののブランドはほぼわかりません。

ただし、**腕時計は例外**。腕時計にこだわる男性は多いので、**女性がしているものもよく見ています**。高級ブランドの腕時計は、ロゴやデザインでそれとわかるものが多いため要注意。「お金がかかりそう」「俺より収入がいい？」などと勝手に思われ、恋愛がはじまらないおそれがあるからです。

腕時計は、**ノーブランドで**。どうしてもブランドものをしたいなら、付き合ってから彼に買ってもらいましょう。「俺が買ってあげた腕時計」をつけるぶんには高級でも問題なし。むしろ彼もうれしいはずです。

私は今の夫と出会ったとき、以前お付き合いしていた男性にもらった腕時計をしていました。それを知った夫は「僕が新しいのを買ってあげる」と言って、私が（ダメもとで）リクエストしたブランドの腕時計を誕生日に買ってくれたのです。

男性は、女性のために活躍できるチャンスがあれば、喜んでがんばります。それを「申し訳ないから」と遠慮するのは、気づかいでもなんでもありません。

モテ女を目指すなら、おねだり上手になりましょう♡

Fashion

46

靴は、「女らしさ」以上に「TPO」が大事

ok ヒール、フラット、スニーカーを使いわける

ng いつもエレガントなヒールを履く

女性の「靴」は、チェンジするだけで全身の雰囲気をコロコロ変えることができる、魔法のようなアイテム。

高いヒールを履くだけでとたんに大人っぽくなったり、フェミニンな服にスニーカーを合わせるとほどよくカジュアルダウンしたり。

おしゃれが好きな女性ほど、服と同じくらい、あるいはそれ以上に靴にはこだわっています。

だからこそ、「デートの日は絶対にヒール！」と決めている人も多いのでは？　脚がきれいに見えてスタイルアップになるし、上品な印象にもなるし、なにより男性にはないアイテムなので女性らしさを存分にアピールできますよね。

確かに、はじめてふたりで食事デートをする日だったら、**5センチ以上のヒール**をおすすめします。次のデートが映画館でも、ヒールでいいかもしれません。

でも、その次がテーマパークだったら？　水族館や、公園でのお散歩デートだったら？

いくらヒールでエレガントに決めても、「足、痛くない？」と彼に気を使わせてしまってはデートが台無し。それどころか、**空気の読めない女性と思われてもしかたがあり**

ません。

男性に「女性にどんな靴を履いてほしいか」と聞くと、たいていこんな答えが返ってきます。**「行き先や目的に合った靴がいい」**って。

アウトドアデートなのにヒールを履いてきたり、いいレストランで食事なのに履き古した靴を履いてきたり。どんなにおしゃれでも、その女性に似合っていても、それでは幻滅の対象です。

女性らしい華奢なヒールももちろん人気ですが、それ以上に**「TPOに合っているかどうか」がシビアに見られている**のです。

デート＝ヒールとこだわりすぎず、シーンに合わせていろいろな靴を使いわけましょう。

フラットシューズやスニーカーでも、女性らしく履きこなせるものはたくさんあります。ときにはカジュアルなファッションにして、ギャップを見せるのもいいと思います。

TPOに合った靴を履くのは、相手への思いやり。 自分を魅力的に見せること以上に、大事にしたいものです。

男性に気を使わせない靴選び

はじめて会う日はやっぱり5センチヒール。黒のヒールは「会社なの？」と感じる男性多し。第一印象で「女性らしいな」と思われるベージュなどの上品な色がおすすめ。

こんなときに

・初対面
・映画館デート
・夕方からの食事
・バーに飲みにいく

バレエシューズやフラットシューズは、服のアクセントになりそうな色味や質感のあるものを。

こんなときに

・ショッピング
・ドライブ
・昼間のデート

たくさん歩き回ることがわかっている日は、スニーカーで。「足、痛くない？」と気を使わせないのが、女の気くばり。ハイテク機能のゴツいタイプではなく、シンプルなデザインで色は白が好感度大。

こんなときに

・テーマパーク
・水族館
・公園
・旅行

CHAPTER

4

Communication

「また会いたい」と思われる人の話し方

Communication

47

笑顔を手放す ときに、

ok 笑わなくてもいい

ng いつでも笑顔をキープ

笑顔のたえない女性は素敵です。同性から見てもそう思うのですから、男性にしてみればたまらなく魅力に感じるでしょう。

その場が楽しくて、または相手のことが好きであふれてくる笑顔なら、もちろん隠す必要はありません。でも、「常に笑っていなきゃ」と思いながらの貼りついたような笑顔なら、無理に笑わなくてもいいんです。

不自然な笑顔は、すぐにバレます。そして男性にプレッシャーを与えます。「無理に笑っているのかな」「つまらないのかな」「腹の底ではなにを考えているのかな」……とマイナスな思考がぐるぐる。そうなると、相手は純粋に会話を楽しめなくなり、恋愛に発展するものもしなくなってしまいます。

笑顔は義務じゃない。ときには真剣な顔で見つめたり、視線を外したり、うつむいたりしてもいいんです。**人間らしく表情がコロコロ変わるほうが、偽の笑顔よりよっぽど魅力的。**

もし、「真顔だと表情がキツくなる」「怒っていると思われる」という場合は、口角だけは上げることを意識してみてください。それだけで表情がやわらぎ、ぐんと好印象になります。

Communication

48

女の品格は、足音にあらわれる

ok 足音は鳴らさない

ng ヒールをカツカツ鳴らす

映画やドラマの世界では、「デキる女」はたいてい高いヒールを履いています。そして、ヒールをカツカツと小気味よく鳴らしながら、オフィスや街を闊歩します。

だからといって、現実世界で真似をしてはいけません。あの音が小気味よく聞こえるのは、映画やドラマだから。実際の足音は耳ざわりで、ひどくガサツに聞こえるものです。

音を立てることは、基本的にあまり品がよくありません。クチャクチャものを食べたり、バンッとドアを閉めたり、ドサッとカバンを置いたり。どれも、**音だけで「雑で気の使えない性格」**というイメージがついてしまうものばかりで、品格のある女性とはほど遠い行為です。

なるべく靴の音を立てないように歩きましょう。どうしてもカツカツ鳴ってしまう場合は、ヒールが削れて金属がむき出しになっているかもしれませんので、すぐにチェック&お手入れを。

ヒール以外の靴でも、ズーズーとずり歩きしたり、ザッザッと大股歩きしたり、**余計な音は極力鳴らさないように！**　足音や靴底の減り方で、歩き方のクセがわかることもありますから、意識してチェックすることをおすすめします。

男の目が変わる、究極のモテポーズ

ok 両手はアゴあたりで「いただきます」ポーズ

ng 両手はずっと膝の上

男性の話を聞くとき、どんなポーズでいることが多いですか？

「姿勢を正して、両手は自分の膝の上に置いて、『きちんと聞いています』感をアピールする」という女性がけっこういるのですが、デートは面接じゃありません（笑）。真剣な印象にはなりますが、恋がはじまるかどうかのタイミングであれば、距離が出すぎてしまいます。

近々、男性と話す機会のある人は、ぜひ次のしぐさを試してみてください。

まず、姿勢はちょっと前のめり。向かい合っているならそのまま前へ、となり同士で座っているなら、体を少し相手のほうへ向けて前のめります。

そして、相手の目を見つめながら、**両手を自分のアゴのあたりで合わせて「いただきます」のようなしぐさ**を。これは、「あなたの話に興味があります♡」「ちゃんと聞いていますす♡」という**健気な意思が伝わる究極のモテポーズ**。

男性の目がとたんに輝き、いきいきとしゃべりはじめてくれるはずです。実際にやってみるとびっくりしますが、効果はてきめん！

注意点は、**脇をしっかり締めること**。脇が開いているとかわいらしさは激減。ガサツに思われがちな女性は、脇も脚も口も毛穴もバッグも（笑）パカーンと開いていることが多いので、日頃から要注意ですよ！

女性にこのポーズを教えると、「ぶりっこに思われませんか？」と聞かれることがありますが、思われたら思われたでまったく問題なし。そもそも、ぶりっこに違和感を感じるのは女性で、**男性は女性のぶりっこが嫌いではありません。**

むしろ、自分の気を引こうとしてぶりっこをしていると思うと、愛おしささえ感じます（笑）。だから遠慮なくやってください。

ちなみに、「いただきます」ポーズとセットで相づちを打つこともお忘れなく。「すごい！」「さすが！」をひたすら連呼すればOK、という恋愛テクはよく聞きますが、それだけでは男性は落ちません。

「それからどうしたの？」「今のどういうこと？」「そしてどう思ったの？」と、**質問を挟みましょう**。

男性は、自分の話を聞いてくれる女性が好きですが、自分が一方的に話してばかりの関係では飽きます。

話をきちんと聞いてくれて、自分の意見も言えて、会話が盛り上がる女性のほうが、長く一緒にいたいと思う。当然のことです！

聞き上手はしぐさから♡

Communication

50

相手の真似をすると、距離が縮まる

ok まずは声のトーンを相手に合わせる

ng 自分のテンポで会話する

男性との距離がなかなか縮まらない人は、気づかないうちに「**踏み込まないでオーラ**」を出している可能性があります。

私は顔がもともと派手で、よくしゃべる性格。初対面ではだいたいキツイ女だと思われます。それを自覚してからは、合コンであえて「こんな見た目ですけど、中身はウサギちゃんなんで！」「この話し方も怒ってるわけじゃなくて、ネイティブなんで〜」と自己紹介して笑ってもらっていました（笑）。見た目で誤解されやすい人は、自分から「**あなたと仲よくなりたいオーラ**」**を出すことが大事**です。

もっと自然に距離を縮めたいなら「**ミラーリング**」がおすすめ。自分と同じ行動をする人に親近感を抱くという心理学の法則をいかしたテクニックです。会話でいえば、**声のトーン、話すテンポ、選ぶ言葉**などを相手に近づけると、「話しやすい人」という印象を持ってもらえます。

まずは声のトーン、いわゆる声色を近づけてみましょう。彼がうれしそうに話しているなら、自分もうれしそうな声で応じる。それだけで距離がグッと縮まりますよ。

ミラーリングはしぐさにも有効ですが、男性がよくする**腕組みだけは真似しない**ようにしましょう。女性の腕組みは、男性以上に威圧的です。

Communication

51

お礼待ちの「おかん系気くばり」は封印

ok 自分のグラスについた水滴をぬぐう

ng サラダをとりわける

男性に「ありがとう」と言わせる気くばりを、「**おかん系気くばり**」と呼んでいます（笑）。サラダをとりわける。男性のグラスがあいたら店員さんを呼ぶ。次のお店があいているか電話を入れる。これらはすべて、おかん系気くばり。

仕事ができる女性ほど、いろいろなことに気づいて先まわりしがちですが、今すぐやめましょう。

頼んでいないことをされても、男性はうれしくありません。むしろ、母親のような世話焼きにうんざり。小さなことでも「女性にしてあげた俺かっこいい」と思うのが男心なので、それをつぶすことは、恋の芽も摘みとってしまうようなもの。

頼まれたこと以外は、気づいてもなにもしなくていいんです。それより、自分のグラスの底についた水滴をお手ふきでぬぐったり、自分のお箸をきちんとそろえたり、自分への気くばりがしっかりできる女性のほうが、ずっと女性らしく魅力的に映ります。

合コンや友達同士の集まりに行く機会があったら、モテる女友達をさりげなく観察してみて。彼女たちは決まってなにもしていないはず。そして、まわりの男性陣は、かいがいしく彼女のお世話をしているはずですよ。

「無理しなくていいよ」は禁句

ok 「待ってるね」とかわいく催促する

ng 「無理しなくていいよ」と彼を気づかう

たとえば、何度かデートしている男性から「会いたいんだけど仕事が忙しくて」とメッセージがきたとします。あなたならどう返信しますか？

気づかいができる女性や、自信のない女性ほど、「忙しかったら無理しなくていいよ」と伝えてしまいがち。でもこれ、彼の耳にはこう聞こえています。

「期待してないよ」「私のこと、大事にしなくていいよ」

男性は、女性のために無理してがんばりたい生きもの。それを、気づかいという名の保身で萎えさせてはいけません。相手を気づかっているようでいて、実は「ものわかりのいい女と思われたい」という本心が隠れていませんか？

こんなときは一言、**「待ってるね」とかわいく催促**しましょう。これで彼は最大限にがんばってくれるはずだし、「あの子のためにがんばっている自分」を意識したとき、恋心は加速します。

私も夫には、「別にいいよ」とは言わないようにしています。夫にはいつまでも「**家族のためにがんばるかっこいいヒーロー**」でいてほしいから。

私のモテる友達も、男性になにかされたときは「大丈夫、気にしないで」ではなく、「ホント大丈夫じゃないから。気にしといて」といつも言っています（笑）。

Communication

53

夜の魔物に負けない

ok メッセージは、翌朝の通勤電車で返信

ng なんとしてでも、その日中に返信

LINEなどのメッセージツールは、恋をはじめたり、恋を育んだりするうえで便利なコミュニケーション手段。ただ、表情や空気が伝わらないぶん、直接会って話すときよりも意思疎通が難しいこともあります。

女性は男性とくらべて、メッセージでのコミュニケーションに重きをおきがち。やりとりの回数、文章の長さ、返信の速さなど、いろいろな角度から彼の気持ちを測ろうとします。

そのため、こちらから送るメッセージにも必要以上に労力をかけてしまい、結果的に自爆することに……。私にも身に覚えがたくさんあります（涙）。

メッセージをやりとりするうえでいちばん気をつけたいのが、「**夜の魔物**」。夜になるとなぜか人恋しくなったり、昔のことを思い出してセンチメンタルになったり、急にネガティブになったりしませんか。これ、すべては魔物のせい（笑）。好きな人に夜送ったメッセージを翌朝読み返して「……！！！（赤面）」となった経験はありませんか？　深夜に「よく考えたんだけど」なんて長文を送りつけて、引かれたことはありませんか？

感情的になりやすい夜に、メッセージを返信してはいけません。恋人なら愛が深まるけれど、恋がはじまりそうな**「駆け引き」の段階では厳禁**。重いメッセージになったり、余計なことを言ってしまったり、ろくなことがないです。

夜、起きている時間にメッセージが届いても、いったん放置して寝る。そして、翌朝の通勤電車のなかで返信します。なんなら、職場に着いて始業する直前や、お昼休みの終わりがけでもOK。

ポイントは、**時間の余裕があまりないときにサクッと返す**こと。**原則3行以内**で。そうすれば重くなりませんし、文面をアレコレ考えすぎて空まわりすることもありません。

私も再婚前は、夜に男性から「今度ごはんでも行く?」とメッセージがきたら、翌朝に「いいねー! 行く行くー! 今日もがんばろうね♪」なんて返信していました。いい感じに軽く、ポジティブな文面になるので、その後もどんどんお誘いがきましたよ!

男性に簡単に体を渡さないのと同じくらい、「夜」も渡しちゃダメ(笑)。

とくに、考えすぎてしまう人や不安になりやすい人は、夜はさっさと寝るようにしましょう♡

Communication

54

「○○しない」だけで、愛され体質に

ok 「否定」だけはしない

ng アドバイスのつもりでダメ出し

特別かわいくなくても、スタイルがよくなくても、女性は必ず愛されます。たったひとつのことを守るだけで。それは、男性を「**否定しない**」こと。男性を絶対に否定しない女性は、それだけで愛され体質になれるのです。

もし男性が仕事のグチを言ってきたら、「そうだったんだね」ととにかく共感。同情したり、一緒に仕事先の人の悪口を言ったりする必要はありません。

「それはこうなんじゃない？」と口を挟みたくなることもあるかもしれませんが、よかれと思っての**アドバイスは単なるダメ出し**。

「出会いがない」と言う女性ほど、男性を減点方式で見てうっかり否定やダメ出しをしてしまいがちです。

「だからダメなんだよ～」とか「ウジウジ考えすぎだよ」とか、人格を否定するようなことは冗談でも絶対に言わない。励ましたいなら、「**それだけ期待されてるんだね♡**」と切り返しましょう。

コミュニケーションは、**「正論」ではなく「思いやり」**。正論で相手を否定することは簡単ですが、それでは愛されないどころか、人としても好かれません。相手が自然といい方向に動くように、思いやれる。それが愛される女性の条件です。

CHAPTER

5

Mind

美人で
悩みゼロになれる
心のルール

Mind
55

ギブ&テイクの「ギブ」はいらない

ok バレンタインチョコはあげない

ng プレゼント、手料理、お迎え、愛情のフルコース好きな人には、なにかを与えたくなる。その気持ち、痛いほどわかります。

でも、男性は**本来ハンター**。女性が尽くせば尽くすほど、追えば追うほど、離れていってしまいます。恋愛を前に進めるには、この男女の違いを知っておかなくてはなりません。

相手になにかしたくてたまらないとき、**女性側には「認められたい」という心理**が働いています。相手になにかを与えて、ありがとうと言われれば、「自分は正しいんだ」「認められているんだ」と思えて安心するから。

その一連の流れを実行するために、頼まれてもいないことをわざわざ思いつき、「○○くんは困っているはず」「これをしたら喜ぶはず」という前提をつくり出すのです。

でも男性側からすれば、世話を焼かれるのはうれしくないどころか、「彼女のためにがんばりたい」という気持ちが萎えてしまう。これは、「おかん系気くばり」の項でもお伝えしましたね。

愛される女は、**ギブ&テイクの「ギブ」をしません**。

バレンタインにチョコレートはあげないし、旅行先でおみやげも買わない。手料理を勝手につくって待っていたり、車を出して迎えに行ったり、彼の予定に合わせて自分のスケジュールを調整したりもしません。

食事のあと**「俺が払うね！」と言われたら、ただ「うん」と返す**だけ。お財布を出すふりをしたり、「じゃあ、次は私に払わせて」なんて言う必要はありません。

ドライブのときは、寝ないで助手席に座って、いつもどおり会話をするだけでOK。飲みものやお菓子は言われるまで渡さなくていいんです。知り合いの男性は運転中、助手席の女の子に袋のままブリトーを手渡されて、一気に恋が冷めたそう（笑）。気がきく女アピールは、ボロが出たら最悪です。

ギブしないことにだいぶ慣れた私ですが、今でもたまにあります。

夫から「今日は帰りが遅いから、ごはんもいらないし先に寝てて」と言われたのに、熱々のお風呂を沸かして、夜食も準備して、寝ないで待っている律儀な妻♡になってしまう日が。

それで夫の帰宅が予定より遅れると、「こんなにしてあげてるのに、なんなの⁉」と勝手に怒る。重すぎて、私こそが「なんなの」って感じですよね（笑）。

頼まれていないことはしない。これを徹底するだけで、出会いからお付き合い、お付き合いから結婚までの時間が圧倒的に縮まります。

Mind
56

なにもしない

ok 男性を信頼する

ng すぐにフォローする

「あのとき、なんであんなこと言ったんだろう」とか、「返信がないのは、私がなにかしたからかな」とか、過去を思い返してモヤモヤすること、ありますよね。

そういうときって、不安に耐えられずついフォローがしたくなります。長々と言い訳のメッセージを送ったり、直接会いに行ってしまったり。

でも、そんなときこそ「**なにもしない**」。たいていの場合、自分が思っているほど相手は気にしていません。フォローすることで、**物事がかえってこじれる**おそれも。

罪悪感を感じたときは、なぜ自分がそういう言動をしたのか、考えてみて。「○○くんによく思われたかったから」などの本音に思いあたったら、そんな自分を「かわいいやつだな」と認めてあげましょう。気持ちがだいぶ落ちつきます。

「ギブしない」も「フォローしない」も、結局のところは、**相手を信頼しているかどうか**。「私のこと嫌いじゃないよね?」と勝手に不安になって、勝手に確認作業をするのは、相手やこれまでのふたりの関係を信頼していないのと同じです。

よっぽどひどいことを言って(して)しまったなら話が別ですが、そうでないのなら、相手をもう少し信じてみましょう。

あなたが、選んだ素敵な人ですから。簡単に嫌いになんてなりませんよ!

Mind
57

すべては、うまくいっている途中

ok これからうまくいくと考える

ng うまくいかないことに悩んでしまう

合コンで失敗して悩んでいる人。気になる男性から返信がこなくて悩んでいる人。なかなか告白されずに悩んでいる人。

大丈夫。すべては、**うまくいっている途中**です。

この魔法の言葉には、私自身、何度も励まされています。つらい恋愛を繰り返していたシングルマザー時代も、お金がなくて泣きそうだったときも、仕事でショックなことがあったときも。「今、うまくいってる途中だよね♪」と思い直して、不安や心配をぽいぽーいと手放すようにしたら、目の前の悩みが少しずつ薄れていって、気持ちがとっても楽になりました。

恋愛では、**自分の感情をコントロールできない人が負け**。負の感情に押し流されて、「なにもしない」を破ったり、妄想で不安を膨らませてしまったりすれば、うまくいくものもうまくいかなくなります。

不安の量で、結果は変わりません。つまり、不安になるだけ損！

すべては、うまくいっている途中♡ だからなにもしなくていいんです。悩む時間があるなら、**メイクやファッションを研究**してもっと「うまくいく」女になりましょう！

Mind
58

彼に好かれたいなら、彼以外に好かれよう

ok 男友達をたくさんつくる

ng 本命の彼ひとすじ

出会いの多い女性は、男友達が多いです。男女の分け隔てがないので、男性とも同性のようにすぐに仲よくなり、それが出会いのきっかけになることもあります。

私は、特定の恋人がいない場合は**「5股」を推奨**しています♡　ふたりでデートできる男性を5人はつくること。ひとりの男性に没頭するより気持ちが楽だし、余裕があるぶん進展もしやすいです。

恋人がいても、**男友達はつくるべき**。恋愛下手な女性は、意中の彼としかやりとりせず、「ほかの男性とは会えません」なんて言ったりしますが、交流しておかなかったことに別れてから悔やむパターンです！

気になる彼がいるなら、彼だけでなく**まわりの人も大事に**しましょう。彼の友達や家族、同じ職場なら同僚、もちろん自分のまわりの人も。

以前、親しくしている先輩が、私の夫に向かって「あいちゃんはみんなの人気者なんだから！」とやたら熱弁してくれたことがありました。すると夫が「みんなのあいちゃんと結婚できてうれしい」と幸せそうに一言（笑）。

第三者にほめられると、「**価値のある子なんだな**」と思ってもらえるからラッキーです。まわりの人を大事にしていれば、出会いの場でも断然有利になりますよ！

Mind
59

ひとりに執着しない

ok どんな男性も幸せにできると知る

ng 運命の彼に固執する

2回結婚して、2回子どもを産んで、思うことがあります。それは、**結婚は誰としても同じ**、ということ。

誰でもよかった、という意味ではありません。**幸せになれるかどうかは結局、自分次第**。幸せをきちんと感じとれる人は誰とでも幸せになれるし、心が寂しい人は、誰といてもなにをしてもらっても寂しいのです。

だから、**「運命の人」という幻想に執着しない**で。「私にはもっといい人がいるはず」とか、「彼よりいい人がいるはずない」とか、そういう思考を引きずっていると幸せになるチャンスを逃します。

結婚したいのにできない女性は、どこかで「私が男性を幸せにできるはずがない」と思い込んでいます。「男性は私といても幸せじゃないに決まっている」と。そのせいで卑屈になり、代わりに男性と戦うスキルばかりが伸びてしまいます。ついケンカ腰になったり、ダメ出ししたり、弱さを見せられなかったり。

女性は、どんな男性も幸せにできる生きものです。まずは自分を信じてあげましょう。そして、どんな人と出会って、どんな人と結婚しても、**本気で幸せになりたいなら幸せになれる**。このことも忘れないでください。

Mind
60

女の人生は、気分で変わっていい

ok どんどん変わる自分を楽しむ

ng 私らしさを守り続ける

ここまで、出会いが増える59の方法を紹介してきましたが、最後に「いちばん大事にしてほしいこと」をお伝えさせてください。

それは、「**あなたの気分**」です。人とくらべたり、世間の目を気にしたり、過去の自分に縛られたりするのではなく、そのときどきの気持ちやモチベーションにいちばん忠実になってほしい。

出会いを増やしたいと心から思うなら、この本で紹介した方法をぜひ実践してほしいですが、ちょっと立ち止まりたいときは無理してやる必要はありません。

私もこれまでの人生、「全部投げ出したい！」と思ったことは一度や二度ではありませんし、恋愛をがんばれた時期もあれば、がんばれなかった時期もあります。

でも、気分がちょっと上を向いた隙に、勇気を出して一歩踏み出してみたら、驚くほど景色が変わった。その積み重ねが今の私です。

たった1本のリップを変えるだけで、新しい服を男性にほめられるだけで、女性はどんどん変わっていきます。変わる自分を柔軟に受け入れると、出会いもおもしろいくらいに増えていきます。

女の人生は、気分で変わるもの。**その変化を思いきり楽しんでいきましょう♡**

選ばれるには、もっと肩の力を抜いていい

恋愛コンサルタントとして、日々たくさんの女性たちのお話を伺っていますが、みなさん「真面目でがんばり屋」な方ばかり。

なぜ、こんなに素敵な女性が悩んでいるんだろう？　と不思議に思います。

そんな女性たちに伝えたいことは、「選ばれるには、もっと肩の力を抜いていいよ」というメッセージ。メイクも気づかいも、男性には「やりすぎない」ことが大切です。

「がんばらないと、選ばれない」という思い込みを持っていた以前の私は、見た目を完璧にして、男性に嫌われないように必死で気づかいをしていました。

もしあなたが、そんな以前の私のように、ついやりすぎてしまうのなら、答えは簡単です。少し力をゆるめて、この本を参考にしてみてください。

本来のあなたの魅力がよみがえり、目の前にいる男性が、きっと積極的になってくれます。

道行く女性を見ていて、心のなかで「眉毛の角度をちょっとなくせばアカ抜けるのに」「話し方を少しだけ変えたらモテるのに」……。そんな風に、「ひとり男性ウケチェック」をしてしまうのが私の習慣。

「その〝もう少し〟が、みんなわからないんです。知りたいんです！」と、編集担当の吉田さんにオファーをいただいたのは、初夏の名古屋駅でした。私と同い年で元こじらせ女子という共通点を持つ（笑）、同士のような関係です。

あれからたくさんの方々のご協力により、こうして本が完成したことを、本当にうれしく思っています。

数ある本のなかから手にとっていただけたご縁に、心から感謝します。

いろいろなことをがんばってきたあなただからこそ、今度こそ運命の男性に選ばれて大切にされてほしい。穏やかに愛される幸せを味わってほしいと思います。

みなさんに、素敵な出会いと、たくさんの笑顔がありますように。

２０１７年秋　　高橋あい

◎著者プロフィール

高橋あい　Ai Takahashi

恋愛コンサルタント。1980年12月20日生まれ。愛知県名古屋市出身。化粧品会社勤務後、21歳で結婚・出産、24歳で離婚。

男で泣いてばかりの恋愛依存から脱するべく、幸せになるための恋愛テクニック、男性心理、美容法をとことん学び、独自のメソッドを確立。

10年間のシングルマザー生活を経て再婚、2016年5月には第2子が誕生。

現在は、パートナーに最高に愛されながらハッピーな結婚生活を送っている。

その実体験とテクニックを赤裸々に綴ったブログは、恋愛・婚活に悩む女性たちから圧倒的支持を得て、月間50万PVを誇る。

2015年に起業。恋愛メイク・ファッション講座や恋愛コンサルティングは、どれも開催の告知とともにキャンセル待ちに。受講者の97%が「満足」、87%が「出会いが増えた」「恋人ができた」と答え、人生を好転させる人が続出している。

・ブログ　http://ameblo.jp/realmind-ai

◎参考文献・ウェブサイト

《書籍・雑誌》

・「大人のための美容本 10年後も自分の顔を好きでいるために」神崎恵／大和書房（2017年）
・「周囲がざわつく自分になる 必要なのはコスメではなくテクニック」長井かおり／ダイヤモンド社（2016年）
・「84.7%の女性をモテさせた僕が密室でこっそり教えていたこと」モテ髪師大悟／サンマーク出版（2017年）
・「女の運命は髪で変わる」佐藤友美／サンマーク出版（2016年）
・「骨格診断×パーソナルカラー 本当に似合う服に出会える魔法のルール」二神弓子／西東社（2017年）
・「MAQUIA」集英社（2017年2月号・4月号・8月号）
・「CLASSY.」光文社（2017年8月号）
・「and GIRL」エムオン・エンタテインメント（2017年10月号・11月号）

《ウェブサイト》

・一般社団法人骨格スタイル協会　http://www.kokkaku.jp
・一般社団法人骨格診断ファッションアナリスト認定協会　http://fashion.or.jp

本書の制作にあたり参考にさせていただきました。この場を借りて感謝を申し上げます。

※本書に掲載した情報は、2017年11月現在のものです。
※衣装はすべて著者・スタイリスト私物です。

最速で出会いが増える顔になる

2017年12月7日　初版発行

著　　者　　高橋あい

モデル　　広瀬未花（Space Craft）
アートディレクション・カバーデザイン
　　　　　松浦周作（mashroom design）
本文デザイン　森 紗登美（mashroom design）
写真　　　小松正樹（帯・本文）
　　　　　emiko kogiso（カバー・P191）
ヘアメイク　yumi（Three PEACE）
スタイリング　岡田紗季（Linx）
イラスト　ヤベミユキ

営　　業　津川美羽／吉田大典（サンクチュアリ出版）
広　　報　岩田梨恵子／南澤香織（サンクチュアリ出版）
編集協力　三橋温子
編　　集　吉田麻衣子（サンクチュアリ出版）

発 行 者　鶴巻謙介
発行・発売　サンクチュアリ出版
〒151-0051
東京都渋谷区千駄ヶ谷2-38-1
TEL 03-5775-5192　FAX 03-5775-5193
URL http://www.sanctuarybooks.jp
E-mail info@sanctuarybooks.jp

印　　刷　株式会社 シナノ パブリッシング プレス

ISBN978-4-8014-0046-7